ADAC Reiseführer

Italienische Riviera

von Peter Peter

☐ Intro

Italienische Riviera Impressionen   6

Ewiger Frühling –
Blumenküsten mit Tradition

**Geschichte, Kunst, Kultur
im Überblick**   12

Kapitäne, Entdecker, Kaufleute:
Liguriens Perspektive ist das Meer

☐ Unterwegs

**Genua –
Das stolze Kind der Meere**   18

- **1** **Genua** 18
  Centro Storico I –
  Südliche Altstadt 20
  Centro Storico II –
  Nördliche Altstadt 29
  Strada delle Mura 35
  Cimitero di Staglieno 35

**Riviera di Levante – Badefreuden
bei aufgehender Sonne**   38

- **2** **Nervi** 38
- **3** **Camogli** 39
  Punta Chiappa – Recco – Uscio
- **4** **Rapallo** 41
  San Michele di Pagana – Zoagli
- **5** **Santa Margherita Ligure** 44
  San Lorenzo della Costa –
  Parco Naturale di Portofino
- **6** **Portofino** 46
- **7** **San Fruttuoso** 50
- **8** **Chiavari** 50
  Borzonasca – Borzone –
  Santo Stefano d'Aveto
- **9** **Lavagna** 53
  Cogorno-San Salvatore
- **10** **Sestri Levante** 54
  Punta Manara – Riva Trigoso –
  Varese Ligure
- **11** **Moneglia** 56
- **12** **Levanto** 58
- **13** **Monterosso al Mare** 59
- **14** **Vernazza** 60

15 Corniglia 62
16 Manarola 63
Via dell'Amore – Volastra – Groppo
17 Riomaggiore 64
18 Portovenere 65
Isola Palmaria – Isola del Tino
19 La Spezia 68
20 Lerici 71
San Terenzo – Fiascherino – Tellaro – Montemarcello
21 Sarzana 73
22 Luni 74
Nicola – Ortonovo

Riviera di Ponente – Von Stränden und Olivenöl 77

23 Pegli 77
24 Acquasanta 78
Campoligure
25 Arenzano 79
Cogoleto
26 Varazze 80
Monte Beigua
27 Celle Ligure 81
28 Albisola 83
Villa Faraggiana – Sassello
29 Savona 84
Vado del Ligure – Altare – Piana Crixia
30 Noli 90
Spotorno – Bergeggi
31 Finale Ligure 92
Finale Marina – Finalpia – Finalborgo – Perti
32 Toirano 94
Loano – Convento di Monte Carmelo – Pietra Ligure – Borgio-Verezzi
33 Albenga 96
Isola Gallinara
34 Alassio 100
Laigueglia
35 Cervo 102
Diano Marina
36 Imperia 103
Oneglia – Porto Maurizio – Montegrazie – Dolcedo – Pieve di Teco – Vessalico
37 Taggia 106
Badalucco – Triora – Verdeggia – Monesi

38 San Remo 108
Bussana Vecchia – Coldirodi
39 Bordighera 114
Ospedaletti – Vallecrosia
40 Dolceacqua 117
Camporosso – Val Nervia
41 Pigna 119
Castel Vittorio – Baiardo –
Apricale – Perinaldo
42 Ventimiglia 122
Airole
43 Villa Hanbury und
Balzi Rossi 123

Italienische Riviera Kaleidoskop

Segeln unter dem Kreuz 20
Aufbruch in die Neue Welt 26
Il Porto di Genova 29
Helden des Risorgimento 32
Der malende Priester von Genua 34
Pyjamaparty in Rapallo 42
Schiefer-Museum in sechs Etappen 54
Cinque Terre – Wanderparadies
  zwischen Himmel und Meer 56
Nobelpreis für Lebensangst 60
Die Menschensteine von
  Lunigiana 70
Keramik total 82
Corallini – das rote Gold 102
Liguriens Öl- und Olivenkultur 105
Rührstück für die Ladies 106
Blühende Bargeschäfte 115
Geheimsprache Ligurisch? 116
Giganten, Grottenligurer, Grimaldi-
  Menschen 124
Raffinierte Einfachheit – die ligurische
  Küche 131
Weine und Weingüter – ideal für
  Genießer 132

Karten und Pläne

Italienische Riviera
 vordere Umschlagklappe
Genua
 hintere Umschlagklappe
Halbinsel Portofino 46
Cinque Terre 58
Savona 84
San Remo 110

☐ Service

Italienische Riviera aktuell A bis Z   127

Vor Reiseantritt 127
Allgemeine Informationen 127
Anreise 128
Bank, Post, Telefon 129
Einkaufen 130
Essen und Trinken 130
Feste und Feiern 130
Klima und Reisezeit 133
Kultur live 133
Nachtleben 134
Sport 134
Statistik 134
Unterkunft 135
Verkehrsmittel im Land 135

Sprachführer   136

Italienisch für die Reise

Register   141

Impressum 143
Bildnachweis 143

Leserforum

Die Meinung unserer Leserinnen und Leser ist wichtig, daher freuen wir uns von Ihnen zu hören. Wenn Ihnen dieser Reiseführer gefällt, wenn Sie Hinweise zu den Inhalten haben – Ergänzungs- und Verbesserungsvorschläge, Tipps und Korrekturen – dann schreiben Sie uns bitte:

**Redaktion ADAC Reiseführer
ADAC Verlag GmbH
81365 München
verlag@adac.de
www.adac.de/reisefuehrer**

Italienische Riviera Impressionen
Ewiger Frühling – Blumenküsten mit Tradition

»Und dann ligurische Berge und die Riviera, die mit Orangen und immergrüner Myrte fast in ewigem Frühling weilt.« Ludovico Ariosto

Die Italienische Riviera – einst Küstenhinterland der mächtigen Seerepublik Genua, heute die Region **Ligurien** – gehört noch immer zu jenen magischen Landschaften, deren bloßer Name Sehnsüchte weckt und Bilder irdischen Glücks vorgaukelt: Palmen und Promenaden, bunte Boote vor ochsenblutroten Fischerhäu-

sern, Grand Hotels in exotischen Blütenparks oder Dolcefarniente, die italienische Variante des süßen Nichtstuns, auf blau-weiß gestreiften Strandliegestühlen. Seit um 1860 die ersten *Engländer* im milden Winter von **Bordighera** den ewigen Frühling suchten, bald von Roulette spielenden Russen in **San Remo** und illustren Gästen wie dem deutschen Kaiser Friedrich III. gefolgt, hat sich dieses Image eher noch verfestigt. Nicht zu Unrecht. Denn der **Tourismus** hat die ligurische Küste, die einst von harter Fischerarbeit und Piratenfurcht geprägt war, gründlich verwandelt und stellenweise tatsächlich zu einem irdischen Eden gemacht. Aus den Weinbergen des westlichen **Ponente** entstanden *Blumenterrassen*, in schwindelnde Steilküsten wurden zypressenbeschirmte *Nobelvillen* eingefügt, *Kurhotels* etablierten sich am Meer. Die neben der Côte d'Azur älteste, die klassische europäische **Tourismuslandschaft** entstand. Dank ihres südlichen Flairs erweist sie sich auch heute noch – trotz chronischer Verkehrsstaus und massentouristischer Bauspekulation – als partiell unzerstörbare Idylle.

Mare e Monti – Ligurische Steilküsten

Geographisch teilt **Genua** den halbmondförmigen Küstenstreifen am Ligurischen Meer in zwei annähernd gleichlange Abschnitte. Im Westen, von der französischen Grenze bis Genua, die **Riviera di Ponente** (untergehende Sonne), von Genua bis zur toskanischen Versilia die **Riviera di Levante** (aufgehende Sonne). Wie Perlen sind an ihren Küsten vornehme Badeorte, Festungen und Fischerstädtchen mit intakt gebliebenen Altstadtgassen (*Carrugi*) aufgereiht. Dazwischen die Wachttürme einsamer, mit Macchia überwucherter Kaps, die für den Straßenbau seit der antiken *Via Aurelia* eine Herausforderung dargestellt haben.

Doch zur ligurischen Riviera gehört mehr als nur das Meer. Das bergige und felsige Rückgrat der Region bilden lang gestreckte, bis zu 2200 m hohe *Küstengebirge*. Das Kalksteinmassiv der **Seealpen** erhebt sich von der Côte d'Azur bis ins Hinterland von Savona. Dann beginnt mit dem **Ligurischen Apennin**, an dessen Hängen noch heute bedeutende Schiefervorkommen abgebaut werden, der längste Gebirgszug Italiens. Diese waldige und abgeschiedene *Entroterra* bildet geographisch, kulinarisch und kulturell einen reizvollen Kontrast zur mondänen Küste. Hier lässt sich Ligurien auf dem gut markierten Fernwanderweg *Via*

Oben: Hier kann man wunderbar abhängen – ligurische Strandidylle
Rechts oben: Sie stand Modell für den Maler Claude Monet– Brücke von Dolceacqua
Rechts unten: Seefahrt hat Ruh – Farbkomposition mit Booten und Häusern in Vernazza

Alta durchstreifen, lassen sich Naturschutzparks und knorrige Bergdörfer erkunden. Die spektakulärsten Wanderungen Liguriens bieten freilich eines der großen Reiseziele Italiens, die praktisch autofreien **Cinque Terre**. Wer zwischen Himmel und Meer entlang der immer wieder abstürzenden Weinbergterrassen mehr schwebt als geht, wird bald spüren, was die Steilküste für Ligurien bedeutet: Schönheit, Schutz und Knochenarbeit.

Seefahrer, Piraten, Patrioten – in Jeans!

Die eigentliche Dimension, die wahre Potenz Liguriens war und ist das Meer. Die **Seefahrt**, heute von ungezählten weißen Jachten zwischen Portofino und dem Marinehafen La Spezia zelebriert, war schon eine Domäne der antiken Ligurer. Heute ist sie für viele Freizeitbeschäftigung im Windschatten **Genuas**, des größten Handels- und Passagierhafens Italiens, der allein 40 000 Arbeitskräfte beschäftigt. Jahrtausende nautischen Trainings, einst in Scharmützeln mit maurischen Piraten erprobt, schlagen hier zu Buche. Eine Seefahrerrepublik, die im Mittelalter Weltpolitik betrieb, zeitweise Konstantinopel und den Zugang zur Seidenstraße beherrschte und vor der Haustür Korsika kolonisierte. Genua, *La Superba*, die Stolze,

Gold des Neuen Kontinents floss zu einem großen Teil in Genueser Schatullen. Selbstredend, dass ihn ein Ligurer entdeckt hat: **Christoph Kolumbus**, prominentester in einer langen Reihe kühner ligurischer Kapitäne, Seefahrer und Emi-

aber vor allem die Reiche: Genuesen wurden unter Admiral **Andrea Doria** im 16. Jh. zu Bankiers der spanischen Majestäten und somit der Eroberung und Ausbeutung Amerikas. Eine Investition, die sich schnell amortisierte. *El Dorado* – das

granten – viele wanderten im 19. Jh. nach Amerika aus. Aus ihren blau gefärbten genuesischen Drillichhosen, den *Zeneixi*, wurden – die uramerikanischen Jeans! Ligurische Emigranten waren es auch, die die entscheidenden Impulse der italienischen Einigung im 19. Jh. gaben: **Giuseppe Garibaldi**, der ›Held der zwei Welten‹ und Eroberer Süditaliens, und der ›Volkstribun‹ Giuseppe Mazzini, glühender Republikaner und Chefideologe des *Risorgimento*. Ligurien ist, obwohl mit 5418 km² Fläche eher klein, eine Schlüsselregion Italiens, der das Meer und die Seefahrt immer wieder Zukunftsperspektiven gegeben hat.

Ligurien im Wandel

Ligurien bewegt sich. Auch im **Tourismus** haben sich die Klischees verschoben. Seit die deutsche Rivierawelle der 60er-Jahre des 20. Jh. abgeebbt ist, hat italienisches Publikum die Oberhand ge-

Links oben: *Stolz der Ligurer – Italienbefreier Giuseppe Garibaldi*
Links unten: *Schwimmendes Denkmal der Seemacht Genua im Hafen der* ›*Superba*‹
Oben: *Vom Winde verweht – sonnenbadende Bootspassagiere*
Unten: *Auch unter der Schneehaube schön warm – Winterstimmung in Celle Ligure*

wonnen. Scharen eleganter Pensionisten flanieren im milden Winter durch Kurorte wie **Rapallo**, im Sommer lockt eine gute Autobahnanbindung stressgeplagte Mailänder und Turiner an ihre überfüllte Hausküste, die mittlerweile mit Zweitwohnungen gepflastert ist. Dazwischen sorgt vor allem britisches und holländisches Stammpublikum für **Internationalität**. Doch wird zunehmend ein anderes Reiseverhalten propagiert: Unter dem Schlagwort *Turismo intelligente* soll Urlaubsstress zugunsten exklusiven sozialverträglichen Erlebens vermieden werden. So werden *Exkursionen* zu den unentdeckten historischen Bergstädtchen des Hinterlandes angeboten, *Führungen* durch Kirchen und Museen der hübschen Altstadtkerne ›hinterm Strand‹ veranstaltet. Auch die Begegnung mit der im Abnehmen begriffenen bäuerlichen Arbeitswelt kann eine interessante Alternative zum reinen

Oben: *Schwindelfreier Bauer auf dem Heimweg vom Einkaufsbummel*
Mitte: *Die Keramikmauer von Alassio*
Unten: *Hotel Royal in San Remo*
Rechts oben: *Schachtelstädtchen Apricale*
Rechts unten: *Straßencafé in Alassio*

Strandurlaub darstellen. Allen voran ist die mühselige Ernte der Oliven zu nennen. Laut Gastropapst Luigi Veronelli wird in Ligurien das edelste aller **Olivenöle** produziert. Und wer einmal, herzlich aufgenommen in einer Familientrattoria in den Bergen, ein Kaninchen in Kräutern und schwarzen Oliven mit frischem *Nostralino* (Wein aus eigenem Anbau) hinuntergespült hat, wird den Abstecher weg vom ›Fastfood‹ der Touristenmeilen gern wiederholen. Auf diese Weise gewinnt auch das von Abwanderung gezeichnete Hinterland (nur noch 10 % der ca. 1,6 Mio. Ligurer leben dort) neue wirtschaftliche Perspektiven.

Doch am deutlichsten wird der Wandel in **Genua**, der Kulturhauptstadt Europas 2004, sichtbar. Einst eine führende *Industriestadt*, war die Metropole in den letzten Jahrzehnten zum Aschenputtel und Wasserkopf einer modern-ökologischen Dienstleistungsregion abgesackt.

Die *Celebrazioni Colombiane*, die Feiern zur 500-jährigen Entdeckung Amerikas im Jahr 1992, haben nicht nur Staatszuschüsse, sondern auch ein Aufbäumen der *Superba* bewirkt. Seitdem bemüht man sich ernstlich, Moderne und Tradition fruchtbar zu verbinden, gravierende Struktur- und Beschäftigungsprobleme zu lösen, den gegenüber Marseille ins Hintertreffen geratenen **Hafen** effektiv zu modernisieren und unter Federführung des einheimischen Stararchitekten Renzo Piano die ›Waterfront‹ zu einer Attraktion auszubauen. Zugleich hat ein Umdenken in Bezug auf das **Centro Storico** eingesetzt. Die größte mittelalterliche Altstadt Europas wird wieder stärker gepflegt und zugänglich gemacht. Eine einzigartige *Kunstlandschaft*, deren Höhepunkt die frühbarocke Palastmeile der Via Garibaldi darstellt, ist zu entdecken. Erlesene Galerien präsentieren die große ligurische Malschule des 17. Jh. Riviera-Reisende, die an der faszinierenden, vitalen Metropole achtlos vorbeiziehen, verpassen viel.

Der Reiseführer

Dieser Band stellt die **Italienische Riviera** in drei Kapiteln vor. Der Autor beschreibt die Städte, Strände und Bergregionen Liguriens von **Genua** aus, dem das erste Kapitel gewidmet ist. Der Weg führt dann nach Osten, entlang der **Riviera di Levante** bis La Spezia, und anschließend nach Westen, an der **Riviera di Ponente** entlang bis Ventimiglia. **Übersichtskarten** und **Stadtpläne** erleichtern die Orientierung. Die **Top Tipps** bieten Empfehlungen zu Sehenswürdigkeiten, Hotels, Restaurants, Stränden, Wanderungen etc. Den Besichtigungspunkten sind **Praktische Hinweise** mit Tourismusbüros sowie Hotel- und Restaurantbeschreibungen angegliedert, im Kapitel **Italienische Riviera A bis Z** finden sich alle nützlichen Informationen zur Reiseplanung und -durchführung in alphabetischer Reihenfolge. Hinzu kommt ein umfassender **Sprachführer**. Ein **Kaleidoskop** mit Kurzessays rundet den Reiseführer ab.

Geschichte, Kunst, Kultur im Überblick
Kapitäne, Entdecker, Kaufleute: Liguriens Perspektive ist das Meer

um 250 000 v. Chr. Altsteinzeitliche Funde in den *Balzi Rossi* bei Ventimiglia (der älteste Menschenknochen Italiens!) belegen die frühe Besiedlung des Küstenstrichs.

um 40 000–15 000 v. Chr. Sog. Cro-Magnon-Menschen (›Giganten‹) aus Afrika leben in Ligurien.

um 10 000 v. Chr. Jäger auf der Fährte von Höhlenbären hinterlassen Spuren in den Grotten von Toirano.

um 2800–1000 v. Chr. Die kupfer- und bronzezeitlichen Lunigiana-Stelen repräsentieren die höchste Entwicklungsstufe der lokalen Megalithkultur.

ab 1300 v. Chr. Der ursprüngliche Siedlungsraum der Ligurer reicht im Westen bis an die Rhône und im Osten bis in die Toskana. Durch das Vordringen von Etruskern in die Toskana (8. Jh. v. Chr.), Kelten von der Poebene (6. Jh. v. Chr.) und Griechen aus der Kolonie Marseille (6. Jh. v. Chr.) werden die Ligurer in den unwirtlichen Berg- und Küstenstreifen, das heutige Ligurien, abgedrängt. Hier nehmen sie keltische Kultureinflüsse auf, legen Fluchtburgen (*Castellari*) an und erlernen die Seefahrt (Seeligurer). Die wichtigsten Stämme sind die Intemelii, Sabates und Ingauni (sog. Alpenligurer).

241 v. Chr. Der Zensor Aurelius Cotta beginnt mit dem Bau der Via Aurelia, der Küstenstraße von Rom nach Cartagena in Spanien, der Ausbau zieht sich bis in die Zeit Caesars hin.

218 v. Chr. Die Ligurer verbünden sich mit dem karthagischen Feldherrn Hannibal gegen die Römer.

205 v. Chr. Hannibals Bruder Mago zerstört Genua.

Frühes Menschenbild – Lunigianastele

185–181 v. Chr. Seeligurien wird von den Römern endgültig unterworfen und Teil der Provinz Gallia Cisalpina. Die Ligurer gelten bei den römischen Schriftstellern als verschlagene, zähe und abgehärtete Milch- und Biertrinker.

180 v. Chr. Der Widerstand wird durch Umsiedlung von 40 000 Ligurern ins süditalienische Samnium gebrochen. Ventimiglia (Albium Intemelium), Sestri Levante (Segesta Tigulliorum), Albenga (Albium Ingaunum) und Luni werden die wichtigsten Städte und Wegstationen.

89 v. Chr. Die meisten ligurischen Städte erhalten römisches Bürgerrecht.

193 n. Chr. Der Ligurer Pertinax ist für 87 Tage Römischer Kaiser, doch wegen seiner Sparmaßnahmen wird er von der Prätorianergarde erschlagen.

4. Jh. Genua entwickelt sich zum Seehafen der weströmischen Hauptstadt Mailand.

5. Jh. Die Westgoten plündern Ligurien. Es wird später byzantinische Provinz und Luni entwickelt sich zu einem der wichtigsten italienischen Bistümer.

641–643 Der Langobardenkönig Rothari erobert Genua und Ligurien.

773–774 Karl der Große nimmt mit der Lombardei auch Ligurien ein, das eine karolingische Markgrafschaft wird.

860 Luni wird von Sarazenen geplündert.

935 Genua wird durch die Sarazenen geplündert, die im Maurengebirge hinter St. Tropez einige feste Stützpunkte besitzen.

958 Berengar II., König von Italien, erkennt die Autonomie Genuas an.

1016 Im Bund mit Pisa wird die sarazenische Flotte vor Sardinien entscheidend geschlagen.

1096 Mehrere ligurische Städte nehmen am 1. Kreuzzug teil.

1120 Genua wird Erzbistum, Papst Calixtus II. spricht Korsika den Genuesen zu.

1146–48 Genua erobert Almería und Tortosa in Spanien.

1243–54 Der ligurische Fieschi-Papst Innozenz IV. wird zum zähesten Widersacher des Stauferkaisers Friedrich II.
1252 Der *Genovino*, die erste Goldmünze Genuas, wird geschlagen.
1261 Im Vertrag von Ninfeo räumt der byzantinische Kaiser Genua Handelsprivilegien am Schwarzen Meer ein.
1266 Galata, der asiatische Teil von Istanbul, wird an Genua verpachtet.
um 1270 Der Dominikaner Jacobus de Voragine, Erzbischof von Genua, schreibt die Legendensammlung mit den Lebensgeschichten der Heiligen, die ›Legenda aurea‹.
1284 In der Schlacht von Meloria besiegt Genua die rivalisierende Seerepublik Pisa, Sardinien wird für kurze Zeit genuesisch.
vor 1339 Der Genuese Lanzarotto Malocello entdeckt die Kanarischen Inseln: Lanzarote wird nach ihm benannt.
1339 Simone Boccanegra wird erster Doge auf Lebenszeit. Er legt 1344 sein Amt nieder (Beginn des ›Dogenkarussells‹) und wird in seiner zweiten Amtszeit 1363 bei einem Festmahl vergiftet.
1341 Nicoloso da Recco entdeckt die Azoren.
1347 Aus der genuesischen Kolonie Jaffa am Schwarzen Meer wird die Pest nach Europa eingeschleppt.
1380 Genua verliert die Seeschlacht von Chioggia gegen Venedig und damit seinen Einfluss im östlichen Mittelmeer.
15. Jh. Genua gerät unter den Einfluss Mailands und Frankreichs.
1451 Christoph Kolumbus wird in Genua geboren.
1447–55 Nikolaus V. (Parentucelli), Bischof von Sarzana-Luni, wird Papst.
1456 Antonio da Noli erkundet die westafrikanische Gambia-Mündung und die Kapverdischen Inseln.
1466 Andrea Doria, der spätere Principe Genuas, wird in Oneglia geboren.
1475 Papst Sixtus IV. (Della Rovere) aus Celle Ligure beginnt mit dem Bau der Sixtinischen Kapelle im Vatikan.
1492 Christoph Kolumbus entdeckt Amerika für die Europäer.
1497 Der Ligurer John Cabot (Caboto) entdeckt Neufundland.

Sah er wirklich so aus? Porträt des ligurischen Entdeckers Kolumbus

1503–13 Papst Julius II. (Della Rovere) aus Albisola tut sich als Feldherr und Kunstmäzen hervor.
1506 Christoph Kolumbus stirbt verarmt in Valladolid.
1507 Ludwig XII. von Frankreich zieht im Triumph in Genua ein, dessen Autonomie de facto fast erloschen ist.
1528 Genua lässt den Hafen der Rivalin Savona zuschütten. – Auf Druck Andrea Dorias gibt sich Genua eine oligarchische Verfassung mit 2-jähriger Dogenwahl. Doria gilt als *Principe* der Republik.

Genueser Hafenvedute für Seefahrer aus dem Palazzo Spinola

1533 Andrea Doria empfängt seinen neuen Alliierten Kaiser Karl V.
1547 Andrea Doria schlägt ›Die Verschwörung des Fiesko zu Genua‹ nieder (von Schiller 1783 dramatisiert).
Um 1550 Islamische Piraten plündern zahlreiche Küstenstädte, Genua lässt Strandwachttürme errichten.
1552 Genua, zur Republik ernannt, gibt sich auf Druck Andrea Dorias eine neue oligarchische Verfassung, die bis 1797 Bestand hat.
1607 Der flämische Maler Peter Paul Rubens weilt in Genua.
1621 Anthonis van Dyck beginnt seine Italienreise in Genua.
1656 Die Pest fordert in Genua 90 000 Todesopfer.
1684 Die Kanonen des französischen Königs Ludwig XIV. verwüsten Genua.
1746 Österreicher besetzen Genua, werden aber durch einen Volksaufstand, der durch den Steine wer-

Mächtiger Doge Andrea Doria – porträtiert von van Dyck

Teufelsgeiger und Seelenverführer — Niccolò Paganini

fenden Knaben Balilla ausgelöst wird, vertrieben.
1753 San Remo rebelliert gegen die Vorherrschaft Genuas.
1768 Genua tritt Korsika für 2 Mio. Lire an Frankreich ab.
1782 Der Wundergeiger Niccolò Paganini wird in Genua geboren.
1794 General Napoleon Bonaparte besetzt Ligurien.
1797 Ende der Adelsrepublik Genua, die unter dem Namen République Ligurienne ein Satellitenstaat Frankreichs wird.
1805 Giuseppe Mazzini wird in Genua geboren. Ab 1831 treibt er als republikanischer Chefideologe des Risorgimento die Einigung Italiens voran.
1809 Papst Pius VII. wird von Napoleon in Savona interniert.
1814/15 Ligurien wird auf Beschluss des Wiener Kongresses als Herzogtum Genua zum Königreich Sardinien-Piemont geschlagen.
1822 Der englische Dichter Percy Bysshe Shelley ertrinkt auf einer Segelpartie von San Terenzo nach Livor-

Garibaldi trug schon in jungen Jahren sein Rothemd

no. Lord Byron lässt seine Leiche nach antiker Manier am Strand verbrennen.
1830 Die Via Aurelia wird (nach napoleonischen Plänen) wieder durchgehend befahrbar gemacht.
1833 Aufstände in Genua gegen die reaktionäre piemontesische Regierung werden niedergeschlagen.
1847 Der Genueser Goffredo Mameli schreibt die italienische Nationalhymne ›Fratelli d'Italia‹ (Brüder Italiens).
1848 Giuseppe Mazzini wird Führer der kurzlebigen römischen Republik.
1855 Giovanni Ruffini veröffentlicht seinen englischsprachigen Roman ›Dottor Antonio‹. Der Bestseller löst die erste große Reisewelle an die Riviera aus.
1860 Giuseppe Garibaldi aus Nizza (1807–1882) sticht von Quarto (bei Genua) mit den ›Tausend Rothemden‹ in See, um Sizilien zu erobern.
1861 Einigung Italiens.
1867 Sir Thomas Hanbury erwirbt in Mortola das Terrain für seinen ›Italian garden‹.

1886 Der Dichter Edmondo de Amicis (1846–1908) veröffentlicht den Erfolgsroman ›Cuore‹ (Herz).

1887 Erdbeben bei San Remo und Zerstörung Bussanas.

1892 Die Sozialistische Partei Italiens wird in Genua gegründet.

1893 Genoa wird als erster italienischer Fußballklub gegründet. In der ursprünglichen Elf spielten zehn Briten und ein Italiener. Noch heute trägt der neunmaligen italienische Meister den englischen Namen Genuas.

1904 Der Automobile Club Genova wird gegründet.

1916 Der erste Autoführer über Ligurien erscheint für die Mitglieder des Italienischen Touring Clubs (TCI).

1916 Der ligurische Papst Benedikt XV. bemüht sich im Ersten Weltkrieg um Friedensverhandlungen.

1922 Im Vertrag von Rapallo vereinbaren die beiden ›Habenichtse‹, Deutschland und die Sowjetunion, enge Zusammenarbeit. Die Delegationen der Verhandlungspartner werden von Walther Rathenau und Georgij Wasiljewitsch Tschitscherin geleitet.

1925/26 Der englische Schriftsteller D. H. Lawrence lebt in Spotorno.

1926 Groß-Genua entsteht durch Eingemeindung zahlreicher Vororte.

1935 Giuseppe Olmo aus Celle Ligure stellt einen Weltrekord im Radfahren auf (45,9 km in 1 Stunde).

1937 Renzo Piano (der spätere Architekt des Centre Pompidou in Paris, des Potsdamer Platz in Berlin) wird in Genua geboren.

1943–45 Partisanen leisten in den ligurischen Bergen erbitterten Widerstand gegen deutsche Okkupationstruppen. Die von deutscher Seite geplante Zerstörung von Hafen- und Industrieanlagen kann abgewendet werden.

1947 Der Tenda-Pass und Teile des Roia-Tales im Hinterland von Ventimiglia werden an Frankreich abgetreten. – Genua erhält für die *Resistenza* der Partisanen gegen die deutsche Okkupation die höchste militärische Auszeichnung Italiens, die *Medaglia d'Oro*.

1951 Nilla Pizzi gewinnt das erste Festival von San Remo mit dem Schlager ›Grazie dei Fiori‹.

1975 Der genuesische Lyriker Eugenio Montale erhält für seine Anthologien den Nobelpreis für Literatur.

1978–85 Sandro Pertini (1896–1990), ehem. Partisan aus Stella bei Savona und Mitglied der Sozialistischen Partei Italiens, wird italienischer Staatspräsident.

1984 Der Genueser Liedermacher Fabrizio de André (1940–1999) besingt sein berühmtes Album ›Creuza de mä‹ (›Pfad zum Meer‹) im ligurischen Dialekt.

1991 Sampdoria Genua wird zum ersten Mal italienischer Fußballmeister. – Der Öltanker *Haven* explodiert vor Genua. Eine Ölkatastrophe an den Rivierastränden kann gerade noch abgewendet werden.

1992 Genua feiert die *Celebrazioni Colombiane* (500-Jahr-Feier der Entdeckung Amerikas). Die Hafenspeicher und der Dogenpalast werden zu Ausstellungszentren umgebaut.

2001 Der G8-Gipfel in Genua wird von schweren Ausschreitungen seitens der Globalisierungsgegner sowie von Polizeiübergriffen überschattet. – Unter Federführung von Genuas Starachitekt Renzo Piano wird im Porto Antico als neuer Blickfang im Hafen Genuas das Glaskugel-Bauwerk ›La Bolla‹ geschaffen, in dem eine Regenwald-Biosphäre mit Schmetterlingen und Chamäleons entsteht.

2004 Genua ist Kulturhauptstadt Europas. – Die Regatta der vier Seerepubliken Amalfi, Genua, Pisa und Venedig wird turnusgemäß in Genua ausgetragen.

2005 Der Linkspolitiker Claudio Burlando wird zum Regionalpräsidenten Liguriens gewählt.

2006 Die Parlamentswahlen gewinnt das Mitte-Links-Bündnis l'Unione mit Romano Prodi, der als neuer Ministerpräsident Silvio Berlusconi ablöst.

Der Genueser Stararchitekt Renzo Piano ist 2001 Schöpfer der markanten Glaskugel ›La Bolla‹ im Porto Antico von Genua

Bellissima Vernazza – wo die Riviera di Levante ihre ganze Schönheit entfaltet

Unterwegs

Genua – Das stolze Kind der Meere

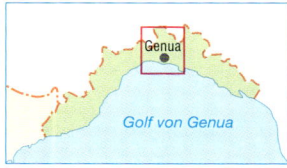

Europas Kulturhauptstadt 2004 entpuppte sich mit ihrer Fülle von Kunstschätzen und historischen Monumenten als großartige Entdeckung. Hier genießt man noch das in Italien selten gewordene Vergnügen, Sehenswürdigkeiten allerersten Ranges ohne Besuchermassen erleben zu können. Die *Via Garibaldi* etwa, Goldmeile der großen Genueser Adelsfamilien, ist nach dem Canal Grande die prunkvollste Palaststraße des Landes. Auch kann man hochkarätige Gemälde berühmter Künstler wie Van Dyck, Rubens oder Bernardo Strozzi am Ort ihrer Entstehung studieren. Die prächtigen **Palastgalerien** entstanden, als der Bankiersadel das amerikanische Gold seiner spanischen Schuldner gegen Kunst eintauschte. Einzigartig ist Genuas **Altstadt** mit ihren seit dem 12. Jh. immer wieder aufgestockten Hochhäusern. In den engen Gassen präsentiert sich dem Besucher unserer Tage eine alteuropäische Großstadt im Originalzustand, nicht wie London durch Brand zerstört oder wie Paris reguliert und auch noch nicht durch Luxussanierungen sterilisiert. Ein Kontrastprogramm bietet der von dem Genueser Renzo Piano zur postmodernen touristischen Waterfront ausgebaute Hafen.

Groß-Genua erstreckt sich 35 km entlang der Küste. Neben Villenzonen wie **Nervi** [Nr. 2] und **Pegli** [Nr. 23] umfasst es traditionelle Arbeiterviertel wie Sampierdarena, wo die Fußballelf von Sampdoria ihre treuesten Anhänger hat, und eingemeindete Bergdörfer.

 **Genua (Genova)** *Plan hintere Umschlagklappe*

Niemals sah ich eine Stadt wie Genua! Etwas unbeschreiblich Schönes, Großartiges, Eigenartiges: Paris und London verschwinden hinter dieser göttlichen Stadt.« Richard Wagner

Es empfiehlt sich aus nahe liegenden Gründen (Verkehrsstress, Orientierungsschwierigkeiten, Parkplatzmangel, Diebstahlgefahr), in Genua auf das Auto zu verzichten. Die Stadt ist per Eisenbahn praktisch von jedem Rivieraort in kurzer Zeit zu erreichen, beide Bahnhöfe, **Stazione Brignole** im Osten und **Stazione Principe** im Westen, liegen zentral und werden deshalb als Ausgangspunkt der beiden Stadtrundgänge, die als Tagestouren konzipiert sind, gewählt.

Geschichte Als Handelsniederlassung der Ligurer im 5. Jh. v. Chr. gegründet, wurde die Stadt 218 v. Chr. erstmals erwähnt. In diesem Jahr kämpfte sie als einzige ligurische Stadt aufseiten der *Römer* gegen Hannibal. Der römische Name Genua wird etymologisch vom Schutzgott Janus abgeleitet.

In der Spätantike war der Hafen der wichtigste Umschlagplatz Liguriens. Unter Bischof Teodolfo setzte Ende des 10. Jh. ein Aufschwung ein, der 1099 in der Errichtung der bürgerlichen *Compagna* gipfelte – Keimzelle der selbstverwalteten Stadtregierung. Zur gleichen Zeit nahmen Genuesen an den Kreuzzügen teil und unterhielten Kontore in den Metropolen des Vorderen Orients. 1155 erhielt Genua, *la Superba*, die Stolze, genannt, einen Mauerring und erweiterte ihren Machtbereich. 1220 stand ganz Ligurien unter Genuas Kontrolle.

In der zweiten Hälfte des 13. Jh. befand sich die Stadt auf dem Höhepunkt ihrer **Macht**. Sie erhielt von Byzanz Handelsprivilegien am Schwarzen Meer (Kontrolle über das Ende der Seidenstraße) und besiegte die alte Rivalin **Pisa** 1284 in der Seeschlacht bei Meloria.

Innenpolitisch lagen die ghibellinischen (Doria, Spinola) mit den guelfischen **Familien** (Fieschi, Grimaldi) in einem Zwist, der auch durch Einführung des Dogenamtes 1339 (Simone Boccanegra) kaum gemildert wurde. 1380 unterlag Genua **Venedig** in der Schlacht von Chioggia und verlor damit seine Vormacht im einträglichen Osthandel. Unter der Führung der Adels-

1 Genua

Genua, die Stolze – ein Welthafen im goldenen Glanz der Abendsonne

familien Adorno und Fregoso geriet es Ende des 15. Jh. unter französische und mailändische Oberherrschaft. Neuschöpfer der genuesischen Macht wurde **Admiral Andrea Doria** (1466–1560), der den Konflikt zwischen Frankreich und Spanien geschickt durch den Fahnenwechsel zum siegreichen Kaiser Karl V. ausnutzte. Die von ihm 1528 durchgesetzte **Verfassung** konzentrierte die Macht und sah alle zwei Jahre die Neuwahl des Dogen vor. Die ›Verschwörung des Fiesko zu Genua‹, die Schillers Drama unsterblich gemacht hat, scheiterte 1547, als Gian Luigi Fieschi, ein jugendlicher Draufgänger, beim Entern eines Schiffes mit schwerer Rüstung über Bord fiel und ertrank.

Der Aufstand blieb Episode: Genuas Bestimmung wurde es, unter dem stabilen Dogen-System zum ersten **Finanzplatz** Europas aufzusteigen. Die Großkaufleute der *Superba*, in dem 1407 gegründeten *Banco di San Giorgio* organisiert, finanzierten die Feldzüge Kaiser Karls V. und Philipp II. und profitierten von den Staatsbankrotten Spaniens. Üppige Prachtbauten und reich ausgestattete Kirchen entstanden im *Seicento*, dem 17. Jh., als Genua neben Neapel und Bologna zur **Maler-Metropole** Italiens avancierte.

1797 wurde die Adelsrepublik durch **Napoleon** aufgelöst – doch blieb Ligurien zumindest eine selbstständige politische Einheit. 1815 an Savoyen-Piemont angeschlossen, traten in der Folge viele Genuesen wie **Giuseppe Mazzini** dem Lager der jungen Revolutionäre bei, die die Einigung Italiens vorantrieben.

Im 19. Jh. wurde Genua zu einem modernen **Industriehafen** ausgebaut, eine beträchtliche Kolonie britischer *Residents* garantierte internationale Handelskontakte. Nachdem die von deutschen Kommandostellen 1943 geplante Zerstörung der Hafenanlagen abgewendet werden konnte, sorgten Werften sowie Stahl- und Waffenproduktion bis ca. 1970 für einen Dauerboom. Doch mangelnde Investitionsbereitschaft und Fabrikschließungen warfen seit den 1980er-Jahren schwere Probleme auf. Genua, von 800 000 auf 603 500 Bewohner geschrumpft, wurde zum *Sanierungsfall*, der bei sinkenden Reallöhnen und mangelndem Bürgersinn die Anstöße der Kolumbusfeier 1992 und das Investitionsprogramm mit neuen Museen und moderner touristischer Erschließung der Hafenfront für die Kulturhauptstadt Europas 2004 bitter nötig hatte.

Gebete für die Seerepublik – Madonnennische in der Altstadt

Segeln unter dem Kreuz

Ein rotes Kreuz auf weißem Grund flatterte schon im 11. Jh. an den Masten der Schiffe genuesischer Kreuzfahrer. Die Genuesen waren fromme Händler. Noch heute gibt es kaum eine Straßenecke in der Altstadt, die nicht von einer **Edicola** mit Maria oder einem Heiligen geschützt wird. Gut gewählt ist auch der Stadtpatron. Der **hl. Laurentius** war Diakon und Armenpfleger im antiken Rom. Mit dem prallen Geldbeutel, den er manchmal zum Almosenspenden trägt, konnte sich die Finanzstadt leicht identifizieren.

Das **Kreuzwappen** des einstigen Stadtstaates ist noch heute in ganz Italien präsent, auf den Wimpeln ungezählter Privatjachten und den Kriegsschiffen der italienischen Flotte. Die Fahne der Marine zeigt tatsächlich im Herzschild mit den drei Kreuzen und dem Markuslöwen die Symbole der vier historischen Seerepubliken. Alle vier Jahre werden die Genuesen an ihre Vergangenheit als Seemacht erinnert, wenn ihre besten Ruderer gegen die Kämpen Amalfis, Pisas und Venedigs in heimischen Gewässern zur **Regatta** antreten. Die nächsten Wettkämpfe finden im Jahr 2008 und 2012 statt.

Centro Storico I – Südliche Altstadt

Die verkehrsreiche **Piazza De Ferrari**, nach dem Finanzier des Hafenausbaus von 1877 benannt, bildet das städtische Zentrum Genuas. Markantestes Gebäude und neues Wahrzeichen eines zukunftsorientierten Genua ist das postmoderne Opernhaus **Teatro Carlo Felice** ❶ (Führungen nach Voranmeldung, www.carlofelice.it, Tel. 01 05 38 11), das die klassizistische Säulenvorhalle des 1943 ausgebombten Vorgängerbaus von Carlo Barabino integriert. Bereits das alte, 1828 eingeweihte *Felice* hatte – wie das neue Haus – 2000 Plätze. Aldo Rossi, Mailänder Stararchitekt, konnte sein Projekt 1983–90 fertig stellen. Der blockartige nüchterne Hochhauscharakter (61 m Höhe) kommt u. a. dadurch zustande, dass Rossi das Foyer auf den Bühnenturm setzte. Der Zuschauerraum, dessen Wände wie Hausfassaden mit Fenstern, grünen Läden und Balkons gestaltet sind, wird in die Kulisse des jeweiligen Bühnenbildes miteinbezogen – ein eigenwilliger Akzent, der die Illusion einer Piazza vorgaukelt.

Ein weiterer Bau des 19. Jh. von Carlo Barabino ist der Palast der 1751 gegründeten Kunstakademie **Accademia Ligustica di Belle Arti** ❷ (www.accademialigustica.it, Di–Sa 9–13 Uhr) mit einer kleinen Pinakothek zumeist lokaler Künstler vom 14.–19. Jh., darunter Werke der Barockmaler Bernardo Strozzi und Benedetto Castiglione, gen. Il Grechetto. 1992 als moderner Umbau wiedereröffnet wurde der **Palazzo Ducale** (www.palazzoducale.genova.it, Di–So 9–19 Uhr) ❸, der heute als multifunktionales Kulturzentrum dient. Der Staatsbaumeister Andrea Ceresola, gen. Il Vannone, baute den mittelalterlichen Kern des Palastes ab 1591 um, nach einem Brand errichtete Simone Cantoni 1778–83 eine der ersten klassizistischen Fassaden Italiens, die zur *Piazza Matteotti* ausgerichtet ist. Die ehem. Dogengemächer im 1. Stock werden für Wechselausstellungen genutzt.

Mit einer prunkvollen Innenausstattung wartet die benachbarte Jesuitenkirche **SS. Ambrogio e Andrea** (oder Chiesa del Gesù) ❹ von 1589 (Fassade 19. Jh.) auf. Höhepunkt eines Genua-Besuchs sind die Gemälde, die Rubens für die Stifterfamilie Pallavicino schuf: Die ›Beschneidung Christi‹ (1605) hinter dem Hochaltar und insbesondere die großartig inszenierte ›Heilung einer

1 Genua

Zebrastreifen einmal anders – Genuas gotischer Prachtdom San Lorenzo (13. Jh.) bei Nacht

Besessenen durch den hl. Ignatius‹ (vor 1620, 3. Kap. links) zeigen, wie stark der flämische Künstler die Monumentalität italienischer Barockmalerei seinem Stil adaptiert hat.

Altehrwürdig erscheint die **Cattedrale San Lorenzo** ❺ (tgl. 8–11.45 und 15–18 Uhr), deren Vorplatz durch den Abriss von Altstadthäusern im 19. Jh. geschaffen wurde. Die **Fassade** mit polychromem Bauschmuck, reichen Gewändeportalen und Tympanonreliefs entstand im 13. Jh. Die *Porta San Giovanni* an der linken Flanke dürfte noch von der 1118 durch Papst Gelasius II. geweihten ersten Kathedrale stammen, die 1296 abbrannte. Am gotischen **Innenraum** wurde unter Verwendung romanischer Bauteile, z. B. der Säulen, vom

Klassizistische Tempelfront – Vorhalle des Opernhauses Carlo Felice (1828)

13. bis 16. Jh. gebaut, bis Tonnenwölbung und Kuppel von Galeazzo Alessi fertig gestellt waren. Die feierliche Wirkung der dreischiffigen Anlage mit zwei Arkadengeschossen als Scheinemporen wird durch die genuesische Schwarz-Weiß-Bänderung der Wände unterstrichen. Besonders reich sind die drei Chorkapellen ausgestattet. Das geschnitzte Chorgestühl der Hauptapsis wurde 1514 begonnen, das Gewölbe der rechten **Cappella Senarega** freskierte Giovanni Andrea Carlone um 1690 mit der Sebastianslegende. Der Marienzyklus der linken **Cappella Lercari** gilt als Hauptwerk des Genueser Manierismus: Die Deckenfresken schuf Giovanni Battista Castello, gen. Il Bergamasco, 1567 löste ihn Luca Cambiaso für die Wandfresken ab. Beachtung verdienen auch die Marmorkanzel (1526) im Mittelschiff und ein Kreuzigungsrelief (1443) im rechten Seitenschiff. Ein geschlossenes Frührenaissance-Ensemble mit zarten Reliefs stellt die von der Mitte des linken Seitenschiffs abgehende **Cappella San Giovanni Battista** dar, die 1451 von Domenico Gaggini begonnen und von Mitgliedern dieser Tessiner Steinmetzsippe vollendet wurde.

Das **Museo del Tesoro di San Lorenzo** (www.museosanlorenzo.it, nur im Rahmen einer Führung, Di–Sa 9–11.30, 15–17.30 Uhr) ist ebenfalls an der Piazza San Lorenzo beheimatet. Hauptattraktion des Domschatzes ist der hochverehrte ›Heilige Gral‹, eine islamische Glasschale des 9. Jh. aus Caesarea, die beim 1. Kreuzzug im 11. Jh. von Guglielmo Embriaco geraubt wurde. Nach einer Legende galt sie als das Gefäß, in dem Engel das Blut Christi auffingen, nach einer anderen als Geschenk der Königin von Saba an Salomon, das später beim Letzten Abendmahl verwendet wurde.

Ein paar Schritte vom Dom entfernt hat sich ein mittelalterliches Ensemble erhalten. Die **Piazza San Matteo** ❻ mit ihren gotischen Palazzi war das Stadtquartier der Familie Doria. Die schwarz-weiße Bänderung der Paläste, die wohl ursprünglich eine Stilanleihe aus dem Arabischen bildete (*ablaq*), war als Privileg den Bauten der ersten Patrizierfamilien vorbehalten. In der Fassade der ebenfalls gestreiften kleinen Familienkirche **San Matteo** kann man rechts oben eine eingemauerte römische Spolie entdecken: den Torso eines nackten Männerkörpers. Im Jahr 1310 verlegte man das Grab der Doria von San Fruttuoso hierher [s. S. 50]. Auch Andrea Doria (1466–1560) ist in San Matteo bestattet. Sein Grab und die Ausstattung der Krypta schuf ein Schüler Michelangelos, Giovanni Angelo

Hier bat man Könige zur Kasse – in diesem Palazzo residierte die Banco di San Giorgio

Montorsoli. Das Schwert, das der Farnese-Papst Paul III. dem Admiral verlieh, liegt unter dem Hochaltar.

Über den breiten *Campetto* flaniert man zur *Via Orefici*, wo sich die Graubündner Traditions-Pasticceria *Klainguti* (seit 1828) für einen Espresso in Kaffeehausatmosphäre anbietet. Die **Loggia dei Mercanti** ❼, 1598 von Andrea Ceresola errichtet, beherbergt heute Wechselausstellungen. Etwas von ihrer alten Bestimmung als Handelszentrum lebt in den vielen Bücher-, Blumen- und Obstständen fort, die vor der Loggia auf der lebendigen Piazza Banchi gruppiert sind. Die mittelalterliche Uferstraße **Via Sottoripa** ❽ wird heute vom Verkehr umbraust. Beim Spaziergang unter den stark frequentierten Bogengängen locken Fisch, Fastfood und die Küche des Maghreb. Im Schatten der Stelzen der Schnellstraße dominiert der z. T. illusionistisch bemalte **Palazzo San Giorgio** ❾ (Mo–Sa 13–18 Uhr) die Piazza Caricamento und den Alten Hafen. Zunächst 1260 als Rathaus im Auftrag Guglielmo Boccanegras von dem Mönch Oliviero errichtet, ließ sich hier später die Steuerbehörde nieder. Schließlich wurde der Palazzo als Sitz des berühmten, 1407 gegründeten Banco di San Giorgio im Jahr 1570 erweitert. Die heute hier residierende Hafenbehörde gestattet den Besuch der historischen Sitzungssäle mit ihren interessanten Patrizierstatuen.

Nicht weit ist es von hier zur Mole des **Porto Antico** ❿, der zu den *Celebrazioni Colombiane* von 1992 nach Plänen von Renzo Piano großzügig ausgebaut und in eine Art Vergnügungspark verwandelt

◁ *Der Porto Antico mit den Kranarmen des Grande Bigo und der Schmetterlingskugel La Bolla von Renzo Piano entwickelt sich zum neuen Blickfang Genuas*

Genua

Abends bei der Lanterna – der Leuchtturm als Wahrzeichen Genuas

worden ist. Hauptattraktionen sind das entdeckungsreiche Kindermuseum *La Città dei Bambini e del Ragazzi* (www.cittadeibambini.net, Rundgänge Juli–Sept. tgl. 11.30, 13.30, 15, 16.30 und 18 Uhr, Okt.–Juni tgl. 10, 11.30, 13.30, 15 und 16.30 Uhr), das Südpolmuseum *Museo Nazionale del Antartide* (www.mna.it, Okt–Mai Di–Sa 9.45–17.30, So 10–18, Juni–Sept. Di–So 10.30–18.30 Uhr) und der *Grande Bigo*, ein 60 m hoher Schiffskran mit Fahrstuhl. Neuer markanter Blickpunkt ist die 2001 entstandene durchscheinende Kugel *La Bolla* (Di–So 9.30 Uhr bis Sonnenuntergang) von Renzo Piano, in deren Regenwald-Biosphäre exotische Schmetterlinge und Chamäleons eine neue Heimat fanden.

In den ehem. Kornspeichern am Hafenbecken sind nun Informationsbüro, Buchhandlungen und Cafés untergebracht. Dahinter schließt sich der Bereich des Molo Vecchio mit der **Porta Siberia** an, die im 16. Jh. von Galeazzo Alessi entworfen wurde. In die linke Flanke der romanischen Hafenkirche **San Marco** ⑪ (1173–77) ist ein Markuslöwe eingemauert, den die genuesische Flotte 1380 bei der Plünderung der dalmatinischen Stadt Pola raubte. An der Kirche zogen bis 1852 die zum Tode Verurteilten vorbei, die auf der Spitze des Molo Vecchio erhängt wurden. Direkt am Molo reihen sich ehem. Baumwollmagazine aneinander, in denen die Ausstellungen der Kolumbus-EXPO stattfanden.

Rechts vom Grande Bigo strahlt das verglaste moderne Gebäude des **Acquario di Genova** ⑫ (Mo–Sa 9.30–19.30 So/Fei 9.30–20.30 Uhr, letzter Einlass 90–120 Min. vor Schließung, www.acquario.ge.it), des größten Wasserzoos Europas. In dieser Meeresshow der Superlative werden auf 13 000 m^2 über 500 verschiedene Spezies gezeigt, darunter Seehunde, Humboldtpinguine, Haie und Quallen. Die Museumsreise geht von den Mangrovensümpfen bis zu den Molukken, vom Regenwald bis zum karibischen Korallenriff. Eine meeresbiologische Station sorgt dafür, dass die Tiere möglichst ihre natürliche Umgebung vorfinden.

Am benachbarten Anlegepier Calata Zingara starten die lohnenden ca. 50-minütigen **Hafenrundfahrten** (Cooperativa Battellieri, Tel. 010 26 57 12, www.battellierigenova.it). Fotohit ist das Wahrzeichen Genuas, der **Lanterna** ⑬ (Sa, So 10–18/19 Uhr) genannte, 76 m hohe Leuchtturm von 1543. Das im Inneren eingerichtete *Museo della Laterna* zeigt Filme und Objekte zur Stadtgeschichte. Seit 1990 hat die Lanterna durch einen riesigen schwarz-weiß gestreiften Bürohausturm Konkurrenz bekommen, den die Genuesen wegen seiner Spitze *Matitone* (dicker Bleistift) nennen.

Nach der Rückkehr in den Hafen lohnt ein Besuch des eindrucksvoll gestalteten **Galata Museo del Mare** ⑭ (März–Okt. Di–Fr 10–19.30 Uhr, Nov.–Febr. Di–Fr 10–18, Sa, So, Fei 10–19.30 Uhr, letzter Einlass jeweils 90 Min. vor Schließung), modern aufbereitet auf einer Fläche von rund 10 000 m^2 die Geschichte der Schifffahrt von den frühen Galeeren bis zur Überquerung des Atlantik dokumentiert.

Zurück in die Altstadt führt der Spaziergang von der Uferstraße zum Castello-Hügel – antike Keimzelle Genuas –, der im Zweiten Weltkrieg schwer beschädigt

Flipper live – das modernste Aquarium Europas lockt mit Meeresbewohnern

Santa Maria di Castello – diese anmutige ›Verkündigung‹ schuf Justus von Ravensburg (1451)

wurde. Glücklicherweise blieb die 55 m hohe **Torre Embriaci** ⓯ aus dem 12. Jh. unversehrt. 1296, als ein Gesetz die Einebnung aller Geschlechtertürme anordnete, wurde der Turm als einziger vom Abriss verschont. Vis-à-vis steht die bedeutende romanische Kirche **S. Maria di Castello** ⓰, zu der ausgedehnte Anlagen eines *Dominikanerklosters* (15./16. Jh.) gehören. Der unter Wiederverwendung römischer Säulen im 12. Jh. errichtete Sakralbau wurde ab 1442 mit Kreuzrippen eingewölbt, der Mönchschor entstand erst 1589. An der aufwendigen barocken **Innenausstattung** wirkten anheimische Künstler wie Benedetto Castiglione und Bernardo Castello mit. Von der Sakristei aus erreicht man den dreistöckigen zweiten der insgesamt drei *Kreuzgänge* des Klosters.

Über die Via Sarzano gelangt man zur weiten **Piazza Sarzano**, dem einstigen Forum der altligurischen Siedlung *Antium*. Hier befindet sich der Eingang zum 1942 schwer beschädigten Kloster des hl. Augustinus, das in das **Museo Sant' Agostino** ⓱ (Di–Fr 9–19, Sa, So 10–19 Uhr) umgewandelt wurde. In dem umfangreichen Komplex ist insbesondere mittelalterliche ligurische Plastik ausgestellt. Bemerkenswert sind Giovanni Pisanos Grabmal für *Margarete von Brabant* (14. Jh.) und das Dogengrabmal für *Simone Boccanegra* (16. Jh.).

Wer gut zu Fuß ist, kann von hier einen Abstecher zu **S. Maria Assunta di Carignano** ⓲ unternehmen. Der 1550 von Galeazzo Alessi begonnene Zentralbau ahmt Michelangelos Plan für die römische Peterskirche nach (überkuppeltes griechisches Kreuz).

Hinter der Kirche lässt sich in einem 10-minütigen Gang durch ein gutbürgerliches Wohnviertel (Via N. Bixio, Via Corsica) das **Museo d'Arte Contemporanea di Villa Croce** ⓳ (Öffnungszeiten variieren je nach Ausstellung, www.museovillacroce.it) erreichen. In dem weißen Bau aus dem 19. Jh., der in einem Park über dem Meer steht, werden Wechselausstellungen zeitgenössischer Kunst gezeigt.

Der Stradone S. Agostino führt zur stimmungsvollen Kirche **San Donato** ⓴, in der regelmäßig Konzerte gegeben werden. Sie gilt als besterhaltene romanische Kirche der Stadt. Der achteckige *Campanile* wurde 1888 um ein Geschoss aufgestockt. Auch die *Fassade* ist eine

1 Genua

Land in Sicht! Neptun auf Besuch in Genua – Gallionsfigur am Filmschiff

Aufbruch in die Neue Welt

Entdecker hat Ligurien im Dutzend anzubieten. Die Kanaren, die Azoren, die Kapverdischen Inseln und wohl auch Madeira – all die bedeutenden Vorposten im Atlantik – wurden schon im 14. Jh. von ligurischen Seeleuten ausgekundschaftet.

Christoph Kolumbus (span. Cristóbal Colón), Admiral der Weltmeere und erster Vizekönig von Amerika, hatte Gründe, über seine ligurische Herkunft zu schweigen. Er wurde 1451 in Genua geboren und stammte aus einfachen Verhältnissen. Der junge Kolumbus suchte sein Glück in der Seefahrt, vielleicht sogar in der Piraterie. 1477 ging er nach **Lissabon**. Die Heirat mit einer spanischen Adeligen brachte Kolumbus nach Porto Santo, der Nachbarinsel Madeiras.

Nach der Lektüre von über 2000 Büchern entwickelte er einen scheinbar utopischen Plan. Er wollte Marco Polos Indien und China auf dem **westlichen Seeweg** erreichen. Die Experten der portugiesischen Krone hatten nur ein Lächeln für ihn übrig. Verschuldet setzte sich Kolumbus 1484/85 nach **Spanien** ab und überzeugte Königin Isabella nach dreimaligem Anlauf davon, die Entdeckungsreise zu finanzieren.

Am 3. August 1492 stachen drei Karavellen, Santa María, Niña und Pinta, in See, am 6. September verließen sie mit Gran Canaria den letzten Stützpunkt vor der Atlantiküberquerung. Nach fünf Wochen wurde am 12. Oktober der Kanonenschuss abgefeuert, der ›Land in Sicht‹ signalisierte. Es war die Bahama-Insel **Guanahani**. Erster Hauptstützpunkt wurde dann Hispaniola (Haïti). Das anfänglich gute Verhältnis zu den Eingeborenen verschlechterte sich rapide: In ihrer Gier nach Gold gingen die Spanier zu den grässlichsten Gewalttaten über. Kolumbus stemmte sich zwar dagegen, nicht aber aus Humanität, sondern weil er als **Vizekönig** alle Goldeinkünfte der neu entdeckten Länder auf sich monopolisieren wollte. Als es ihm nicht gelang, Ordnung zu halten, ließ ihn der Vertreter der spanischen Krone verhaften und in Ketten nach Spanien schaffen. Hier wurde er zwar teilrehabilitiert, aber sein Vizekönigstitel und seine Ausbeutungsprivilegien waren endgültig dahin.

Nachdem er auf weiteren Fahrten das ersehnte ›El Dorado‹, das Land des Goldes, nicht finden konnte, verlor die spanische Krone jedes Interesse an ihm. Einsam und verbittert starb Kolumbus 1506 in Valladolid. Erst im 18. Jh. wurde der Entdecker wieder entdeckt. Die öffentlichen Kontroversen um die **Kolumbusfeiern 1992** haben darauf hingewiesen, dass die ruhmreiche Entdeckung Amerikas zugleich den Auftakt zum größten Völkermord aller Zeiten an den Indianern bildete.

Monumento Cristoforo Colombo mit Indianerin an der Piazza Acquaverde

Rekonstruktion, hingegen bewahrt der dreischiffige, von antiken Säulen geteilte **Innenraum**, dessen Holzdecke im Krieg beschädigt wurde, weitgehend den Zustand des 12. Jh. Architektonisch bemerkenswert sind die Biforien der Scheinemporen, gestützt von Doppelsäulchen mit aufwendig skulptierten Kapitellen.

Von hier führt der Vico del Fico zur imponierenden 31 m hohen **Porta Soprana** ㉑. Das von zwei Türmen gekrönte Stadttor entstand 1155, als Genua auf dem Höhepunkt seiner Macht von der sog. Barbarossa-Mauer umschlossen wurde. Im angrenzenden Park steht im Schatten der 1930er-Jahre-Wolkenkratzer der Piazza Dante die kleine **Casa di Colombo** ㉒ (Sa/So 9–12 und 14–18 Uhr, Führungen einschließlich Besichtigung der Türme der Porta Soprana). Das sog. Elternhaus des Kolumbus, in dem der Seefahrer seine Kindheit verbracht haben soll, wurde 1684 durch französische Kanonaden zerstört und im 18. Jh. fantasievoll rekonstruiert. Dahinter befinden sich die Reste des romanischen Kreuzgangs von S. Andrea. Die Via Dante führt nach links zurück zur Piazza De Ferrari. An dem 1892 begonnenen breiten, großbürgerlichen Prachtboulevard **Via XX Settembre** liegen zwischen Jugendstilfassaden, Kinos, Juwelieren und Prêt-à-porter-Geschäften weitere Sehenswürdigkeiten versteckt.

Die Kirche Santo Stefano repräsentiert ligurische Romanik

Kurz vor dem **Ponte Monumentale**, einer an Stelle eines alten Stadttors 1895 errichteten Brücke, Gedenkstätte für die italienische *Resistenza* gegen die deutsche Besatzung im Zweiten Weltkrieg, erhebt sich links die Kirche **S. Stefano** ㉓

Berühmte Nachbarn – Kolumbus wohnte gleich an der Porta Soprana

Hier behauptet sich das 19. Jahrhundert – die Via XX Settembre im modernen Hochhausmeer

über gestreiften Kolonnaden. Mit der schwarz-weiß gebänderten Fassade und dem nach Kriegsschäden restaurierten Apsisbereich ist das 1217 geweihte Gotteshaus eine der schönsten Kirchen der genuesischen Romanik. Von der reichen **Innenausstattung** sind ein Gemälde Giulio Romanos (1524) und Bilder von Cesare Procaccini sowie die Reste einer Florentiner Sängerkanzel von 1499 (an der Innenfassade) hervorzuheben. Noch weiter Richtung Stazione Brignole kommt man zur Markthalle des lebhaften, an Sinneseindrücken überreichen und zugleich stimmungsvollen **Mercato Orientale** 24 (Mo–Sa 7–19 Uhr), den man von der Via Galata oder Via Colombo betreten kann. Der Markt hat seit 1899 im ehem. Kreuzgang des Consolazione-Konvents seinen Platz.

Alles frisch und verlockend: Obst, Gemüse und vielerlei mehr im Mercato Orientale

Centro Storico II – Nördliche Altstadt

Direkt vor dem Bahnhof Stazione Principe steht auf der Piazza Acquaverde das 1846–62 ausgeführte **Monumento Cristoforo Colombo** ㉕. Zu Füßen des Seehelden kniet eine barbrüstige Indianerin, Relieftafeln berichten Episoden seines Lebens: Neben der Entdeckung wird sein Disput mit dem Weisenrat der spanischen Krone und seine Gefangennahme auf Hispaniola dargestellt.

Rechts hinunter geht es auf der Salita San Giovanni zur romanischen Johanniterkirche **San Giovanni di Prè** ㉖ von 1180. Die Oberkirche betritt man durch die einstige Chorapsis – der Altarraum befindet sich seit dem 18. Jh. im Westen. Der kerzengeschwärzte dreischiffige **Innenraum** mit seinen Bogenfenstern zum Meer hat das typische Aussehen einer frühen ligurischen Küsten-Kirche bewahrt: Bezeichnenderweise ist die Flanke zur Seeseite hin als eigentliche Schaufassade ausgebaut. Bis ins 18. Jh. war San Giovanni di Prè für den Malteserorden reserviert, der unterhalb der Kirche eine Kommende und ein Kreuzritterhospital betrieb.

Von hier führt die enge, dunkle **Via Prè** ㉗ – der Name weist auf die Wiesen *(Prati)* hin, die sich einst am Stadtrand befanden – in den Bauch der Altstadt. Seit dem 12. Jh. ist die Via Prè mit ihren Wäsche-

Wer blickt da noch durch – ›Bleistift‹, Hafen und Autobahn im modernen Moloch Genua

Il Porto di Genova

Der **Hafen** von Genua ist vom Aufkommen her nach Triest der 2. Italiens, der 3. des Mittelmeeres, der 7. Europas, ist aber wegen langjährig ausgebliebener Modernisierungsinvestitionen gegenüber Hamburg und Rotterdam sowie Marseille immer mehr ins Hintertreffen geraten. Rund 40 000 Menschen (mit rückläufiger Tendenz) sind hier beschäftigt. Auf dem 225 ha großen Gelände, das sich vom Porto Antico westwärts über Sampierdarena nach Cornigliano erstreckt, sind allein 132 km Gleise verlegt. Abgefertigt wurden im Jahr **2005**: 54 830 563 Bruttoregistertonnen Güter, 3 037 979 Passagiere u. a. von/nach Korsika, Sardinien, Sizilien, 1 624 964 Container. Außerdem laufen die Erdölpipelines in die Schweiz und nach Ingolstadt über die **Tankerdocks** im westlichen Stadtteil Multedo. Sogar der **Flughafen** Cristoforo Colombo in Cornigliano, für den eigens eine 140 000 m^2 große Inselplattform geschaffen wurde, ist Teil des Hafengebiets von Genua.

leinen, Heiligennischen, Straßenhändlern und alteingesessenen Geschäften Hauptdurchgangs- und Einkaufsstraße (sog. *Carrugio lungo*). Weniger wegen der allgegenwärtigen Prostitution als wegen des Rauschgifthandels hat die Polizei in letzter Zeit ihre Präsenz optisch verstärkt. Allerdings gibt es tagsüber, wenn während der Einkaufszeiten buntes Treiben herrscht, keinen Grund, die faszinierende ›Prè‹ zu meiden.

An ihrem Ende stößt man auf das Stadttor **Porta dei Vacca** 28, Rest des Barbarossa-Mauerrings (1155). Von der Piazza Fossatello kann man einen Abstecher zur **Casa di Mazzini** 29 in der Via Lomellini machen. Das Geburtshaus des großen Patrioten und Republikaners Mazzini enthält das **Museo del Risorgimento** (Di–Fr 9–13, Sa 10–19 Uhr). Es erinnert an die führende Rolle der Ligurer in der italienischen Einigungsbewegung.

In unmittelbarer Nähe des *Carrugio lungo* liegt die altehrwürdige Kirche **San Siro** 30, die dem ersten Bischof Genuas geweiht ist. Der im 4. Jh. ursprünglich den Zwölf Aposteln geweihte Bau diente als erste Kathedrale, bis diese Funktion im 10. Jh. auf San Lorenzo [s. S. 21] überging. Nach einem Brand wurde San Siro ab 1585 völlig neu errichtet und bekam 1821 eine klassizistische **Fassade**. Der durch Säulenpaare gegliederte **Innenraum** ist eines der frühesten Beispiele glanzvollen genuesischen Dekors. Führende einheimische Barockmaler wie Domenico Piola, Domenico Fiasella gen. Il Sarzana und Gregorio de Ferrari schufen die *Deckenfresken* der Seitenschiffe, Giovanni Battista Carlone malte Hauptschiff, Kuppel und Chor aus.

Etwas versteckt hinter der Via della Maddalena liegt der **Palazzo Spinola di Pellicceria** 31 (Di–Sa 8.30–19.30, So/Fei 13.30–19.30 Uhr, www.palazzospinola.it), dessen *Galleria Nazionale* in original ausgestatteten Settecento-Sälen untergebracht ist. Als Juwel gilt die *Spiegelgalerie*, die mit ihren Konsolen, Louis-XIV-Sesseln und der von Lorenzo de Ferrari mit mythologischen *Fresken* bemalten Goldstuckdecke die ganze Pracht genuesischer Innendekoration widerspiegelt. Zu den Höhepunkten der Sammlung gehören neben Werken genuesischer Meister wie Strozzi und Cambiaso der ›Ecce Homo‹ Antonello da Messinas und ein faszinierendes genuesisches ›Knabenbildnis‹ von Anthonis van Dyck.

Durch ein Quartier, das im Mittelalter zu den feinsten Wohngegenden Genuas zählte, gelangt man zur Kirche **S. Maria delle Vigne** 32, die nach längst verschwundenen Weingärten benannt ist. Vom romanischen Vorgängerbau blieb der *Campanile* erhalten. Der im 17. Jh. komplett umgebauten Kirche wurde schließlich eine repräsentative Fassade mit Doppelsäulen vorgeblendet (1842). Hinter der Apsis erreicht man die Piazza Soziglia. Nach einem Blick auf die Schokoladenauslagen in der altehrwürdigen *Confetteria Romanengo* (Via Soziglia 74 r) flaniert man durch eine der stimmungsvollsten Einkaufsgassen Alt-Genuas, die **Via Macelli di Soziglia** 33. Hier gibt es zahlreiche *Macellerie* (Metzgereien), deren prunkvolle marmorne Fleischbänke (19. Jh.) Berühmtheit erlangt haben.

Ein Abstecher führt nach links zur **Piazza Lavagna** mit einem regen Flohmarkt. Die Vicoli um die Kirche *S. Maria Maddalena* entwickeln sich allmählich zu einer schick-alternativen Altstadtidylle. An der **Piazza delle Fontane Marose** ist man wieder abrupt dem Durchgangsverkehr ausgesetzt, sollte aber dennoch einen Blick auf den schwarz-weiß gestreiften **Palazzo Spinola dei Marmi** 34 (1445–59) nicht versäumen. Zwischen schlanken säulengerahmten Fenstern posieren fünf

Genuesische Prachtentfaltung – San Siro wurde im 16. Jahrhundert von ligurischen Künstlern opulent ausgeschmückt

Statuen, Mitglieder des mächtigen Familienclans Spinola darstellend. An der **Piazza Corvetto** ㉟ liegt der *Palazzo Doria Spinola* (heute Präfektur), einer der ersten manieristischen Bauten der Stadt, der 1541–43 für Admiral Andrea Doria errichtet wurde. Die Spitzen der Genueser Gesellschaft trifft man gegenüber im ruhigsten und konservativsten Kaffeehaus der ligurischen Metropole, dem seit 1876 bestehenden **Mangini** (Piazza Corvetto 3 r, Tel. 0 10 56 40 13, Mo geschl.).

Entspannende Spaziergänge lassen sich im steilen, romantischen Park der **Villetta di Negro** unternehmen. Mit künstlichen Grotten, Wasserfällen und dem Belvedere ist auf engem Raum eine grüne Oase entstanden. Hier zeigt das **Museo d'Arte Orientale Edoardo Chiossone** ㊱ (Di–Fr 9–13, Sa, So 10–19 Uhr, www.museo chiossonegenova.it) die einzigartige Kollektion eines Genueser Malers, der Ende des 19. Jh. lange in Tokio lebte. Unter den über 15000 Exponaten asiatischer Kunst befinden sich Lack, Porzellan, Rüstungen, Malerei und Farbholzschnitte. Wer über Zeit und Kraft verfügt, kann von hier zur klassizistischen **Villa Gruber** ㊲ hinaufsteigen, die selbst allerdings nicht zugänglich ist. Die einst hier untergebrachte Sammlung von Exponaten präkolumbianischer Indianerkulturen sind heute im Castello d'Albertis – Museo delle Culture del Mondo [s. u.] zu sehen.

Vom Hinterausgang des Negro-Parks gelangt man über eine charakteristische steile *salita* (Rampe) hinab zur **Piazza Portello** ㊳, wo ein großer Felsentunnel, die *Galleria Garibaldi*, den Schnellverkehr schluckt. Von hier fährt rechts ein nostalgischer Lift (Tickets am Kiosk) zur *Spianata Castelletto* hinauf, einer Platzanlage mit herrlichem Ausblick. Auch eine der typischen Standseilbahnen, die *Funicolare S. Anna*, hat hier ihre Talstation.

Nun biegt man in die Prunkstraße Genuas, die **Via Garibaldi** ㊴, ein. In der einstigen Strada Nuova ließen sich genuesische Adelsfamilien wie die Spinola, Pallavicino, Adorno, Grimaldi zwischen 1558 und 1720 insgesamt 14 große Stadtpaläste errichten. Kein Wunder, dass die Straße einst nur *Via Aurea*, Goldene Straße, hieß. Es entfaltete sich ein *spezifisch genuesischer Baustil*: konservativ-manieristische Fassadengestaltung kombiniert mit wuchtigen Treppenhäusern und ungeheurem Prunk im Inneren. Die Via war während des Barock in ganz Europa berühmt und Rubens gab eine Serie von Sti-

Shoppingfreuden in Alt-Genua: Schuhladen in einer Seitengasse der Via Macelli di Soziglia

chen der *Palazzi di Genova* heraus. Heute hat sich an der Bestimmung der Paläste nicht viel geändert. Zwar sind nur noch wenige in Privatbesitz, doch viele gehören Geldinstituten (u. a. der Deutschen Bank). Im Einklang mit solcher Finanzkraft präsentieren sich die exklusivsten Antiquitätengeschäfte der Stadt und eine Schokoladenkonfiserie mit Auslagen von nahezu klerikal-piemontesischer Würde.

An der Prachtstraße Via Garibaldi ließen sich Genueser Adelsfamilien im 16. bis 18. Jh. ihre monumentalen Wohnpaläste errichten

Nationalheld Garibaldi – dem Ernst der Lage gewachsen

Helden des Risorgimento

Das kleine Ligurien hat bei der Entstehung der italienischen Nation im 19. Jh. eine große Rolle gespielt. Schon der Anschluss Liguriens an das savoyische Königreich Sardinien-Piemont 1815 war zukunftsweisend, da dadurch dieser französisch bestimmte Staat eine italienische Majorität und ein bürgerlich-demokratisches Element gewann.

Zum Promotor der Einigung (Risorgimento) wurde der aus der Carbonari-Bewegung hervorgegangene **Giuseppe Mazzini** (1805–1872) aus Genua. 1831 gründete er in Marseille den republikanischen **Geheimbund** Giovine Italia (Junges Italien). Weitere Stationen seiner Emigration waren Bern und London. 1848 kehrte er während der Revolution nach Italien zurück und wurde einer der Anführer der römischen Republik, die den Papst vertrieben hatten. 1849 musste Mazzini wieder nach London fliehen, wo er mit ungarischen, deutschen und französischen Patrioten ein demokratisches Komitee gründete, eine Art Vorläufer der Ersten Sozialistischen Internationale. Als strikter Republikaner wurde er selbst im neuen **Königreich Italien** verfolgt, konnte aber 1870 inkognito an der Eroberung Roms teilnehmen.

Erfolgreicher und kompromissbereiter war **Giuseppe Garibaldi** (1807–1882), der als italienischer Nationalheld verehrt wird. Der Mann aus Nizza hatte früh die Seefahrt gewählt und war am Schwarzen Meer dem Giovine Italia beigetreten. Auch er musste 1834 fliehen und lebte bis 1848 in Argentinien. Dann kehrte er zurück, um während der Revolution die Verteidigung Roms zu leiten (›Held der zwei Welten‹). Nach Ausrufung der Republik 1849 kämpfte er gegen die Franzosen. Im Jahr 1860 eroberte er mit den **Mille** – 1000 in Rothemden gekleideten Partisanen – das bourbonische Sizilien und Süditalien. Er stimmte aber gleichzeitig Graf Cavours Monarchie-Plänen zu. Garibaldi, der alte Kämpe, der zunehmend politisch ins Hintertreffen geriet, versuchte 1870, Frankreich gegen Bismarck beizustehen. Er starb 1882 auf der Insel Caprera vor Sardinien.

Die Großgemeinde Genua wird vom **Palazzo Doria Tursi** ❹ (Di–Fr 9–19, Sa, So 10–19 Uhr, www.stradanuova.it) aus regiert. Der mit insgesamt 122 m Straßenfront breiteste Palast wurde ab 1565 von Domenico und Giovanni Ponzello für den Privatbankier Philipps II., Nicolò Grimaldi, errichtet, den man wegen seines Reichtums *Il Monarca* nannte. Besonders luxuriös wirkt die Terrasse des hängenden Gartens über der hohen Sockelmauer. Die Innenausstattung fiel allerdings bescheidener aus, da der Bauherr beim Bankrott des spanischen Königs selbst bedeutende finanzielle Einbußen erlitt. Seit seiner Restaurierung 2004 wurde der Palast zusammen mit den beiden Palazzi Rooso und Bianco zu einem Museumskomplex ausgebaut, in dem neben zahlreichen wertvollen Möbeln, Keramik und Münzen auch eine Paganini-Geige sowie Erinnerungsstücke an den berühmten, in Genua gebürtigen Violinvirtuosen zu sehen sind. Erst seit 2005 für die Öffentlichkeit zugänglich ist der angrenzende **Palazzo Lomellino** (Via Garibaldi 7, jeden 1. Sa im Monat 10–18 Uhr, Tel. 33 57 32 72 29, www.palazzolomellino.org), in dem erst 2002 Deckenfresken von Bernardo Strozzi aus dem frühen 17. Jh. entdeckt wurden.

Im *Palazzo Rosso* mit seiner roten Fassade, 1671 von dem lombardischen Baumeister Pietro Antonio Corradi für die Familie Brignole-Sale gebaut und von dieser 1874 der Stadt gestiftet, befindet sich die erstrangige **Galleria del Palazzo Rosso** ❹ (Di–Fr 9–19, Sa/So 10–19 Uhr, www.museopalazzorosso.it). Besonders einprägsam sind: *Saal 2*: der ›Moskowitische Prinz‹ von Michele Giambono und ein signiertes Männerbildnis Albrecht Dürers von 1506; *Saal 3*: ›Judith und Holofernes‹ von Paolo Veronese mit einer schwarzen Dienerin in orientalischer Tracht; ›Jüngling mit Pelzkragen‹ von Paris Bordone; *Saal 5*: ›Selbstmord der Kleopatra‹ von Guercino, bestechend durch die auf wenige Töne beschränkte Farbdisziplin der Bettszene, die auf eine Grabkammer anspielt; *Saal 7*: ›Geflügel rupfende Köchin‹ des Genuesen Strozzi, an flämische Küchenszenen erinnernd; *Saal 13 und 14*: Werke Van Dycks, der sich 1621/22 und 1627/28 in Genua aufhielt, u. a. ›Reiterbildnis des Anton Giulio Brignole-Sale‹.

Nicht minder gut bestückt ist die **Galleria del Palazzo Bianco** 42 (Di–Fr 9–19, Sa/So 10–19 Uhr, www.museopalazzobianco.it). Der um 1540 von den Grimaldis, der zweitreichsten Familie Genuas, begonnene Bau wurde erst 1712, als die Brignole-Sale ihn als Pfand erwarben, umgebaut und zur Strada Nuova hin ausgerichtet. Im Vestibül sind zwei Götterstatuen des Franzosen Pierre Franqueville aufgestellt: Jupiter und der doppelköpfige Schutzgott Janus, der als Namenspatron Genuas galt. Die **Galerie** umfasst faszinierende Exponate – hier eine Auswahl: *Saal 2*: ›Madonna mit der Kerze‹, Meisterwerk des Chiaroscuro (Helldunkel-Malerei) von Luca Cambiaso, dem bedeutendsten ligurischen Manieristen und späteren Hofmaler Philipps II. *Saal 4*: Die Fülle altniederländischer Malerei weist auf die engen Handelsverflechtungen mit Nordeuropa hin. Neben dem ›Segnenden Christus‹ Hans Memlings fallen zwei Ölbilder Gerard Davids auf, die ›Breimadonna‹ und die ›Weintraubenmadonna‹, welche einst für das Kloster Cervara bei Portofino gemalt worden waren. *Saal 5*: Altersbildnis Andrea Dorias von Jan Matsys aus Antwerpen. *Saal 7*: Rubens' ›Venus und Mars‹ sowie ›Pomona und Vertumnus‹ von Van Dyck. *Saal 11*: ›Flucht nach Ägypten‹ von Murillo. *Saal 12*: Eine dramatische ›Verspottung Christi‹, Meisterwerk des Genuesen Giacchino Assereto (1600–1649).

Über die Piazza della Meridiana und die Via Cairoli gelangt man zum **Largo della Zecca**. Die alte Staatsmünze wurde 1927 für die Galleria Garibaldi abgerissen.

TOP TIPP Von hier verkehrt eine Zahnradbahn (*Funicolare*) auf den **Righi** (302 m), der wegen seiner schönen Aussicht nach der Schweizer Touristenattraktion benannt ist. Hier oben kann man sich auf ausgedehnten Wanderungen auch einen guten Überblick über das System der Festungen verschaffen, die als Verstärkung der 12 km langen **Stadtmauer** (17. Jh.) im 19. Jh. errichtet wurden [s. S. 35].

Vom Largo führt ein Abstecher auf der steilen Via Brignole de Ferrari zum **Alber-**

Königlicher Rahmen für die Kunst – Blick von der Gartenterrasse mit den lebendig gestalteten Tiermosaiken aus Kieselsteinen auf den Palazzo Reale

Genua

Der Flame unter den Italienern – Bernardo Strozzi malte die wunderschöne ›Geflügel rupfende Köchin‹ (Galleria del Palazzo Rosso)

Der malende Priester von Genua

Bernardo Strozzi (1581–1644), das größte Talent der genuesischen Barockmalerei, wusste souverän mit den Stilen und Moden seiner Zeit umzugehen, ohne seine eigene kraftvoll-koloristische Pinselführung zu verleugnen. Der Maler mit dem Beinamen ›Il prete genovese‹ (der genuesische Priester) verarbeitete **Vorbilder** von Anthonis van Dyck bis Michelangelo da Caravaggio, von der toskanischen Tafelmalerei und dem Urbinaten Federigo Barocci bis zu flämischen Genreszenen. Er schuf seinen eigenen üppigen **Figurenstil** mit rubensschen Anklängen und intensiver Farbigkeit. Bernardo Strozzi war für die Handelsstadt Genua der bedeutendste Vertreter prunkvoller Malerei im Seicento (17. Jh.).

Bei der Themenwahl bevorzugte Strozzi den großen religiösen Affekt. Tatsächlich war er zunächst Mönch und ab 1610 **Weltpriester**. In diesem Jahr hatte er das Kloster S. Barbara in Genua verlassen, um seine Mutter unterstützen zu können. Als er sich 1630 in **Venedig** niederließ, galt er vielen bereits als der größte Maler seiner Zeit. Der virtuose Umgang mit Lichteffekten ließ ihn in seinem venezianischen Spätwerk zu einem großen Wegbereiter der Malerei des 18. Jh. werden.

go dei Poveri ④③. Dieses Armenhaus, ein Riesenkomplex mit vier Innenhöfen, wurde nach der Pestepidemie 1656 auf Initiative des Patriziers Emanuele Brignole ins Leben gerufen und in rund 40 Jahren Bauzeit bis auf den Westflügel (19. Jh.) vollendet. Die vornehmsten Familien der Stadt beteiligten sich an der Finanzierung der Anlage, die bis zu 2600 Personen aufnehmen konnte. Sozialhistorisch ist dieses Armenhaus ein hochinteressantes Beispiel privater, halbstaatlicher Wohlfahrt, das Parallelen in französischen und englischen Veteranenheimen findet und achtzig Jahre später von den neapolitanischen Königen nachgeahmt wurde.

Die **Via Balbi** zählt zu den Prachtstraßen, die der genuesische Adel ab dem 16. Jh. anlegen ließ. Der **Palazzo Balbi-Durazzo** diente von 1817–1922 als Stadtresidenz des Hauses Savoyen und trägt deswegen auch den Namen **Palazzo Rea-**

le 44. Der 1650 von Angelo Falcone begonnene und 1705 von Carlo Fontana erweiterte Bau enthält eine interessante **Gemäldegalerie** (Di, Mi 9–13.30, Do–So 9–19 Uhr, www.palazzorealegenova.it) mit Werken des 17. und 18. Jh. Die Sammlung ist in Sälen mit Originaleinrichtung untergebracht. Höhepunkt der Innenarchitektur ist der prunkvollste genuesische *Spiegelsaal* (18. Jh.).

Nebenan lohnt ein Blick ins Foyer des **Palazzo dell'Università** 45, der ursprünglich als Jesuitenkolleg 1634–36 von Bartolomeo Bianco aus Como erbaut wurde. Das 1704 ausgeführte *Treppenhaus* gehört zu den gelungensten Beispielen dieses Genueser Typs.

Mit großartigem Ausblick hoch über Genua liegt das jüngst renovierte neogotische **Castello d'Albertis – Museo delle Culture del Mondo** 46 (April–Sept. Di–Fr 10–18, Sa/So 10–20 Uhr, Okt.–März Di–So 10–17 Uhr, www.castellodalbertisgenova.it), das eine reiche ethnografische Sammlung sowie Exponate zur Archäologie und Marinegeschichte präsentiert. Ebenfalls zu sehen ist der einstige Wohnbereich von Kapitän Anrico Alberto d'Albertis, der von seinen Reisen nach Afrika, Amerika und in den Pazifik die teils exotisch-skurrilen und fantastischen Zeugnisse fremder Kulturen mitbrachte, mit welchen er das Museum begründete. Inzwischen wurden die Bestände des Hauses u. a. erweitert durch die Sammlung präkolumbianischer Indianerkulturen, die einst in der Villa Gruber [s. o.] zu sehen waren.

Gleich hinter dem Hauptbahnhof, eingezwängt zwischen Gleisen, Hafenanlagen und Schnellstraßen, liegt eine der schönsten genuesischen Villen: Der 130 m lange **Palazzo Doria Pamphili** 47 (oder Palazzo del Principe, Di–So 10– 17 Uhr, www.palazzodelprincipe.it, auch Bootskombitickets vom Alten Hafen aus) wurde von der Republik für Andrea Doria als Fürstenpalast in den Jahren 1521–29 errichtet. Anlässlich des Kaiserbesuchs Karls V. 1533 malte Raffael-Schüler Perin del Vaga die Räume aus. Auch Giovanni Angelo Montorsoli war an der Erweiterung des Komplexes beteiligt, der damals vom Ufer bis zu den Parkterrassen an den Hängen des Granarolo-Hügels reichte. Der Palazzo besaß einen eigenen Hafen für die Flotte des Admirals. Von der Pracht der Renaissancegärten kann man sich – wie so oft bei den Genueser Villen – angesichts der modernen Überbauung des Granarolo kaum noch eine Vorstellung machen. Ende 1995 haben Nachfahren der Doria die Admiral-Appartements der Öffentlichkeit wieder zugänglich gemacht.

Vis-à-vis, am **Ponte dei Mille** 48, befindet sich die Stazione Marittima (1930), der Hauptkai für die großen Personenfähren nach Korsika, Sizilien, Alexandria etc. Der benachbarte **Ponte Parodi** soll nach dem Abriss der Getreidesilos bis 2008 nach einem Projekt der niederländischen Architekten Ben Van Berkel und Caroline Bos zu einer Hafen-Piazza ausgebaut werden. Hinter dem Palazzo Doria Pamphili führt eine Zahnradbahn, die **Funicolare di Granarolo**, zu einem großartigen Aussichtspunkt mit Genua-Panorama.

Ausflüge

Die Vororte Pegli [Nr. 23], Nervi [Nr. 2] und Acquasanta [Nr. 24] werden separat behandelt. Für Autofahrer, die Genua von oben erleben wollen, ist eine Fahrt entlang der **Strada delle Mura** lohnend, die innerhalb der Stadtmauer des 17. Jh. verläuft. Neben spektakulären Ausblicken lässt sich hier die Villenkultur der Wende zum 20. Jh. erleben, etwa die Bauten des Florentiners Gino Coppedè (Castello Mackenzie, Via Cabella).

Eine weitere Hauptsehenswürdigkeit, der **Cimitero di Staglieno**, liegt 3 km

Roter Flitzer – die Standseilbahn Funicolare erklimmt den Granarolo

Genua

nördlich vom Zentrum im Bisagno-Tal (Busverbindung von der Stazione Brignole). In der riesigen, terrassierten Friedhofsanlage, die 1844–51 von Carlo Barabino angelegt wurde, hat das Genueser Bürgertum mit aufwendigen Statuen seiner Verstorbenen gedacht. Im *Boschetto dei Mille* (Hain der Tausend) liegt der berühmte Freiheitskämpfer Giuseppe Mazzini bestattet. Auch die Gräber von Oscar Wildes Gattin Constance Mary und der Brezelverkäuferin *Caterina Campodonico*, die für ihre spitzenverzierte Statue ein Leben lang eisern gespart hatte, ziehen regelmäßig Besucher an (am Eingang Übersichtsplan).

Praktische Hinweise

Information

APT Genova, Via Roma 11/3, Genua, Tel. 010 57 67 91, Fax 010 58 14 08, www.apt.genova.it (Mo–Fr 8.30–13.30 und 14.30–16, Sa 8–13.30 Uhr)

IAT Porto Antico, Porto Antico, Genua, Tel. 01 02 53 06 71, Fax 010 58 14 08

Stazione Porta Principe, Genua, Tel. 01 02 47 99 09, Fax 01 02 46 26 33

Hotels

******Bristol Palace**, Via XX Settembre 35, Genua, Tel. 010 59 25 41, Fax 010 56 17 56, www.hotelbristolpalace.com. Elegantes Cityhotel wenige Schritte von der Oper in einem Ottocento-Palazzo.

Oben: *Pompe funèbre einer Bankiersstadt – Grabmäler auf dem Friedhof von Staglieno*
Unten: *Einladung zu einer kleinen Zwischenmahlzeit: Bar San Giorgio im Hafenviertel*

Genua

Buon appetito a Genova! Gäste lassen sich von der guten ligurischen Küche verwöhnen

**Bed & Breakfast Del Corso, Via Carlo Barbino 62 r, Tel. 01 05 74 00 06, Fax 010 53 21 48, www.bbgenova.it. Catia und Fabrizio vermieten 3 Zimmer in einer großbürgerlichen Wohnung.

**Hotel Fado 78, Via Fado 82, Mele, Tel. 01 06 97 10 60. Gepflegtes, preisgünstiges Hotel mit guter Trattoriaküche und hübscher Gartenterrasse in den Bergen westlich von Genua. Ca. 30 Min. mit häufig verkehrendem Zug ins Zentrum (eigener kurzer Treppenweg zum Bahnhof Mele).

Locanda di Palazzo Cicala, Piazza San Lorenzo 16, Genua, Tel. 01 02 51 88 24, Fax 01 02 46 74 14, www.palazzocicala.it. Kinderfreundliches Haus beim Dom mit 9 eleganten Designerzimmern.

Jugendherberge

Ostello Genova, Via Costanzi 120, Genua, Tel./Fax 01 02 42 24 57, hostelge@iol.it. Jugendherberge mit 210 Betten in Oregina (Oberstadt).

Restaurants

Antica Friggitoria Carega, Via Sottoripa 113, Genua, Tel. 01 02 47 06 17. Seit 1942 Farinata und frittierte Fische. Uriger Imbiss.

Baccicin du Carü, Via Fado 115, Mele, Tel. 0 10 63 18 04. An der Bahnstation Mele Richtung Ovada. Eigene Weine und eine legendäre *Cima alla genovese*.

BabyBar al 3 Rosso, Via Fossatello 3 r, Genua, Tel. 01 02 46 31 92. Kinderfreundliches Spielcafé in der Altstadt. Gute *Tramezzini* (So geschl.).

I Tre Merli, Vico dietro il Coro della Maddalena 26 r, Genua, Tel. 01 02 47 40 95. *Enoteca* nahe der Via Garibaldi mit Imbiss und Musik bis 2 Uhr nachts (So geschl.).

Le Cantine Squarciafico, Piazza Invrea 3 r, Genua, Tel. 01 02 47 08 23, www.squarciafico.it. Ligurische Schmankerl und erlesene Weine in einem bei jungen Leuten beliebten historischen Kellerlokal.

Nel Continente Nero, Via Chiabrera 52–54 r, Genua, Tel. 01 02 55 34. Somalische Spezialitäten (Mo geschl.).

Östaja dö Castello, Sal. S. Maria di Castello 32 r, Genua, Tel. 01 02 46 89 80. Freundlich und voll (So geschl.).

Pintori, Via S. Bernardo 68 r, Genua, Tel. 01 02 75 75 07. Versteckte sardische Trattoria mit anspruchsvoller Weinauswahl (So, Mo geschl.).

TOP TIPP **Trattoria Franca**, Vico della Lepre 4–8–10 r, Genua, Tel. 01 02 47 44 73. Frischer Fisch zu edlen Weinen in schöner Altstadtlage (Mo geschl.).

Vegia Zena, Vico del Serriglio 13/15 r, Genua, Tel. 01 02 51 33 32. Solide Fischtrattoria in Hafennähe (So, Mo geschl.).

Riviera di Levante – Badefreuden bei aufgehender Sonne

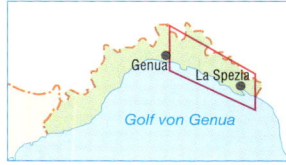

Die ›Küste der aufgehenden Sonne‹, jenes Segment des ligurischen ›Regenbogens‹ (*arcobaleno*) zwischen Genua und der toskanischen Versilia, schillert bunt und vielfältig. Da schließt sich zunächst an die *Superba* Genua die Perlenkette der Villen- und Nobelorte an: vom eingemeindeten **Nervi** bis zu den Traumzielen **San Fruttuoso** und **Rapallo**, eingeschmiegt in Naturhäfen am »Gebirge von Portofino, dort, wo die Bucht von Genua ihre Melodie zu Ende singt« (Friedrich Nietzsche). Östlich davon leitet der *Tigullische* Golf zu den behäbigen Uferstädten in den schmalen Schwemmlandebenen über. Spaziergänge unter den Lauben von **Chiavari**, Baden in **Sestri Levante** oder ein Abstecher zu den Schiefersteinbrüchen von Fontanabuona. Dann werden die Küsten steil, die Straßen schwierig: Die **Cinque Terre** kündigen sich an, raues Fischer- und Winzerbiotop in mühseliger Steillage, autofreies Wanderparadies. Als Schlussakkord an der weiten Bucht des Marinehafens **La Spezia** noch einmal der geballte Zauber der ligurischen Küste: **Portovenere** und **Lerici** sind der rechte Platz für süßes Nichtstun und Fischessen vor bonbonbunten Häusern. Sarzana und Luni bedeuten – kulturell und landschaftlich – zugleich Abschied von Ligurien und Hinwendung zur Toskana.

2 Nervi

Die längste Kurpromenade der Riviera.

Der hübsche Villenort Nervi bildet seit seiner Eingemeindung 1926 eine der *delegazioni* von Groß-Genua. Besonders älteres Kurpublikum weiß die 2 km lange ruhige **Uferpromenade** zu schätzen, die teilweise auf Stelzen über der Felsküste verläuft. Sie trägt den Namen der argentinischen Gattin des Freiheitskämpfers Giuseppe Garibaldi, Anita.

An der *Passeggiata* liegen inmitten von Parkanlagen Villen, in denen z. T. Museen eingerichtet worden sind. In der Mitte der Promenade, oberhalb eines Küstenwachturms, steht die gleichnamige **Villa Gropallo** (18. Jh.), in deren weitläufigem Garten im Juli das Internationale Ballettfestival stattfindet. Die östlich angrenzende **Villa Serra** (18. Jh.) beherbergt die **Galleria d'Arte Moderna e Collezione Wolfson** (Di–So 10–19 Uhr, www.gamgenova.it) mit einer bedeutenden Sammlung italienischer Gemälde des 19. und 20. Jh. Daneben, in der eleganten **Villa Grimaldi Fassio** (das monegassische Herrscherhaus Grimaldi stammt von genuesischem Adel ab), ist das **Museo Raccolte Frugone** (Di–Fr 9–19, Sa/So 10–19 Uhr, www.raccoltefrugone.it) untergebracht. Höhepunkte sind Gemälde Giovanni Segantinis, Telemaco Signorinis und des mondänen Gesellschaftsmalers Giovanni Boldini (›Miss Bell‹).

In herrlicher Panoramalage oberhalb des Capo S. Ilario am östlichen Ende der Passeggiata liegt der um 1900 entstandene Villenbau des **Museo Gianettino-Luxoro** (Di–Fr 9–13, Sa 10–13 Uhr, www.museoluxoro.it). Neben zwei Werken Alessandro Magnascos (1667–1749), die den fahrigen Stil dieses eigenwilligen und genialsten aller Genueser Maler zeigen, sind u. a. Keramik und Rokokospiegel zu bewundern.

Am anderen Ende der Promenade lohnt der pittoreske **Fischerhafen** mit seinen bunten Booten einen Blick. Der benachbarte Swimmingpool weist darauf hin, dass das Meer nahe der Großstadt keine ungetrübten Badefreuden zulässt.

Die mittelalterliche (sog. römische) Brücke über den Nervifluss führt in die kleine Altstadt, an deren Nordrand die barockisierte Kirche **San Siro** steht. Die Fassade aus dem 13. Jh. wurde 1959 wieder freigelegt. Im Inneren sieht man ein Tafelbild des Titelheiligen von 1520. Ein paar Schritte weiter gelangt man zur Piazza Pit-

3 Camogli

Bonbonbunter Hafen – Nervi, der Villenvorort Genuas, vermittelt dörflichen Charme

taluga, von der aus der Prachtkorso **Via delle Palme** zum Bahnhof führt. Die ihn säumenden Villen und Hotels stammen großenteils aus der Wende vom 19. Jh. zum 20. Jh., als Nervi zu den mondänsten Winterfrischen der Riviera zählte.

Nicht übersehen sollte man die östlichen Fischerbuchten **Bogliasco** und **Sori**. Aufgrund minderer Wasserqualität nicht zum Baden geeignet, bieten sie jedoch an den Wochenenden, wenn die Genuesen zum Fischessen herkommen, entspannte untouristische Atmosphäre.

ℹ Praktische Hinweise

Hotel
*****Esperia**, Via Val Cismon 1, Nervi, Tel. 010 32 17 77, Fax 01 03 29 10 06, www.hotel esperia.it. Wohnen im Park unter Palmen.

Restaurant
Olindo, Via Provana di Leyni 17 r, Nervi, Tel. 01 03 72 82 05. Die beste Fischtrattoria am Hafen (Di geschl.).

3 Camogli *Plan Seite 46*

Seerepublik mit Fischerhochhäusern und malerischer Hafenpromenade.

Punta Chiappa – Recco – Uscio

Unter der Fülle malerischer ligurischer Seestädtchen setzt Camogli, die ›Stadt der 1000 Segel‹, einen besonders reizvollen Akzent. Denn hier, wo die einheimischen Reeder noch 1856 doppelt so viele Schiffe wie ihre Hamburger Kollegen ausrüsteten, wuchsen auch die schmalen mittelalterlichen Fischerhäuser am Strand bis auf acht Stockwerke an. Eine eindrucksvolle **Skyline**, die man am besten von See aus betrachtet: Die Rosa-, Orange- und Gelbtöne der Fassaden, gegliedert durch grüne quadratische Fensterläden, türmen sich zu einer fast kubistisch wirkenden Stadtlandschaft auf, vor der auf einer Felsknolle das *Castel Dragone* (12. Jh.) wacht.

Für den großen Hunger – Sagra del pesce, Fischfestessen in Camogli

3 Camogli

Vielleicht haben es die Amerikaner in Camogli abgeschaut – Hochhäuser für reiche Kapitäne

Geschichte Die Handelsstadt Camogli stand das ganze Mittelalter im Schatten Genuas. Doch die ›Goldenen Jahrhunderte‹ kamen: Im 18. und 19. Jh., der Zeit der schnellen **Segelklipper**, waren Kapitäne und Steuerleute aus Camogli überall gesucht und vermieteten sogar ihre Kriegsschiffe an andere Nationen. 1798 stellten sie ein großes Kontingent der Napoleonischen Flotte, die in ägyptischen Gewässern bei Abukir von Admiral Nelson geschlagen wurde. Das angesehene, 1874 gegründete Marinekolleg Cristoforo Colombo setzt die nautische Tradition fort.

TOP TIPP Auch das berühmteste Fest Liguriens, die **Sagra del Pesce**, hat mit dem Meer zu tun. Am Rochustag, dem 2. Sonntag im Mai, werden in der größten Pfanne der Welt Fische frittiert und dann unter den Besuchern verteilt.

Besichtigung Ursprüngliches Ambiente mit Netzen, Fischerbooten und ausrangierten Schiffskanonen hat sich im kleinen, engen **Hafen** erhalten. Er wird vom Kastell und der klassizistischen Fassade der Kirche **S. Maria Assunta** beherrscht. Das im 12. Jh. begonnene Gotteshaus besticht durch reichen Goldschmuck und üppige Gemäldeausstattung im prächtigen barockisierten Innenraum.

Das Stadtbild von Camogli entfaltet sich entlang der Fußgängerpromenade der südlichen *Palazzata*, deren breiter Kieselstrand von den schlichten Apsiden der Assunta-Kirche überragt wird. Als Teil des entspannenden Aufenthalts bietet sich auch die Besichtigung des **Museo Marinaro Gio Bono Ferrari** (Mo, Do, Fr 9–12, Sa, Mi, Sa, So 9–12, 15–18 Uhr) an. Erinnerungsstücke aus der Glanzzeit der Seefahrer und Schiffsbauer von Camogli sind hier versammelt. Beim Gang durch die höher gelegenen Gassen Richtung Bahnhof entdeckt man, dass viele der Hochhäuser am Hafen hier oben einen Hinterausgang haben – in der 4. oder 5. Etage!

Ausflüge

Eine reizvolle 90-minütige Wanderung führt von Camogli entlang der Steilküste zur **Punta Chiappa** mit Fischrestaurant. Trittsichere Wanderer mit Bergerfahrung können sich von hier in weiteren 2 Std. bis nach San Fruttuoso ›durchschlagen‹. Schöne Ausflugsrestaurants findet man auch in San Rocco. Im Hotel Portofino Vetta zeigt der Besitzer eine kleine Privatsammlung mittelalterlicher Fresken.

Recco, 2 km östlich von Genua, hat beim Wiederaufbau nach dem Zweiten Weltkrieg Aussehen und Atmosphäre eingebüßt. Der Ort ist für seine *Focaccia (Fügassin)* berühmt, einen in Olivenöl gebackenen Fladen.

Im Hinterland liegt **Uscio** auf 361 m Höhe. Unterwegs passiert man das Glockengießerdorf *Avegno* und die 1906 gegründete *Colonia Arnaldi*, eine Sanatoriums-Siedlung mit fast englisch wirkenden Jugendstil-Pavillons aus Backstein. Auch in Uscio wird für Kirchen gearbeitet. Turmuhren aus den hiesigen Werkstätten sind ein Qualitätsbegriff. Initiiert wurde diese Kleinindustrie Anfang des 19. Jh. von deutschen Gastarbeitern.

ℹ Praktische Hinweise

Information

IAT, Via XX Settembre 33, Camogli, Tel./Fax 01 85 77 10 66, www.camogli.it

Hotel

******Cenobio dei Dogi**, Via Cuneo 34, Camogli, Tel. 01 85 72 41, Fax 01 85 77 27 96, www.cenobio.it. Luxus hat seinen Preis: Nobelhotel in altrosa Herrensitz mit großem Swimmingpool.

Restaurant

Bana, Via Costa di Bana 26, Ruta di Camogli, Tel. 01 85 77 24 78. Modern-rustikales Ausflugslokal in den Bergen über Camogli mit traditionsreicher Familienküche: Gemüsetorten, mit Wildkräutern gefüllte *Pansoti* (Teigtaschen) in Walnusssauce, zarteste *Bistecca* vom Kalb.

4 Rapallo *Plan Seite 46*

Die Perle des Tigullischen Golfs. Von der elitären Winterfrische über eine Pyjamaparty zum ruhigen Pensionistentreff.

San Michele di Pagana – Zoagli

Der Name Rapallo ist nach dem Ersten Weltkrieg in die deutsche Geschichte eingegangen. Ausgerechnet das damals mondäne ligurische **Seebad** wählten die

Trinkkur in Rapallo – Weinprobe mit beschaulichem Rahmenprogramm

beiden ›Habenichtse‹, Deutschland und die Sowjetunion, um dort 1922 durch einen Kooperationsvertrag ihre diplomatische und wirtschaftliche Isolierung zu überwinden.

Zuvor hatten bereits wohlhabende Briten und Russen das windgeschützte Festungsstädtchen in einer tiefen Bucht des Tigullischen Golfs für den Wintertourismus entdeckt. In den auch von älterem Kurpublikum geschätzten Etablissements der Uferpromenade **Lungomare Vittorio Veneto** mit Musikpavillon hat sich der Charme der Belle Époque bewahrt. Von einem der Straßencafés aus kann man den nach Portofino fahrenden Booten nachsehen und den vergangenen Zeiten nachsinnen. Jenem Jahr 1550 z. B., als der tunesische Korsarenkapitän Dragut die Stadt im Handstreich genommen und die meisten Einwohner in die Sklavenlager Nordafrikas entführt hatte. Damals wurde zum Zweck der Verteidigung das **Castello** am Hafen – noch heute ein Blickfang – in weniger als einem Jahr auf einem Felsschelf errichtet.

In den **Einkaufsgassen** herrscht reges Leben: Rapallo hat schon ohne seine zahlreichen Gäste fast 30 000 Einwohner. Eine Rapalleser Institution ist das 1920 gegründete Geschäft für Spitzen von *Emilio Gandolfi* auf der Piazza Cavour. Um die Piazza Garibaldi, besonders im *Vicolo dei Fondachi*, haben sich typische mittelalterliche Laubengänge erhalten.

In Richtung Bahnhof liegt die *Piazza delle Nazioni* mit dem Stadtturm von 1459. Daneben befinden sich die im 17. Jh. umgestaltete Kirche **S. Stefano** und das **Oratorio dei Bianchi** mit einer Samm-

Reichskanzler Josef Wirth mit Leonid Krassin und Wasiljewitsch Tschitscherin (rechts)

Pyjamaparty in Rapallo

Eigentlich schien das feudale Hotel ›Imperial Palace‹ auf dem Pagana-Hügel (der heute Santa Margherita Ligure eingemeindet ist) nicht unbedingt der passende Ort, um einen Vertrag zwischen dem durch den Ersten Weltkrieg verarmten Deutschland und der kommunistischen Sowjetunion zu schließen. Aber Diplomatie kennt eigene Regeln und die Männer, die die Isolation der beiden Außenseiterstaaten zu beenden beabsichtigten, waren durchaus weltläufige Erscheinungen. Reichskanzler **Josef Wirth** wurde von Außenminister **Walter Rathenau** begleitet, der sowjetische Außenamtschef **Georgij Wasiljewitsch Tschitscherin**, ein hochgebildeter Adliger, der in München studiert hatte, brachte den Wirtschaftsfachmann **Leonid Krassin** mit, der gerne mit seinen Erfahrungen als Siemens-Ingenieur in Deutschland renommierte.

Trotz gepflegter Strandspaziergänge in Nervi und Rapallo – hinter den Kulissen wurde hoch gepokert. Für Deutschland ging es um viel Geld – die Erlassung der **Reparationszahlungen**. Im Gegenzug versprach sich die junge Sowjetunion von der diplomatischen Anerkennung durch einen europäischen Staat große Vorteile.

Um die Verhandlungen zu beschleunigen, ließ Tschitscherin schließlich das Gerücht durchsickern, man stehe knapp vor einem Vertrag mit England, der die deutschen Reparationszahlungen einfordere – und es kam in der Nacht des 15. April 1922 zur berühmten ›Pyjamasitzung‹ von Wirth und Rathenau. Nach sechsstündiger Beratung war der Vertrag unterschriftsreif und wurde noch am 16. April 1922 unterzeichnet. Beide Staaten verzichteten auf Reparationen, erkannten sich diplomatisch an und beschlossen Meistbegünstigungsklauseln im Handel. Nur dem sozialdemokratischen Reichspräsidenten Friedrich Ebert wollte der ›Geist von Rapallo‹ nicht gefallen, er murrte, dass man sich mit ›Lumpen‹ eingelassen habe.

4 Rapallo

Träumen unter Palmen mit Blick auf Rapallo, die ligurische Perle am Tigullischen Golf

lung ligurischer Prozessionskreuze. Am westlichen Ende der Uferpromenade steht die Porta delle Saline (15. Jh.). Hier überquerte die mittelalterliche **Ponte di Annibale**, die der karthagische Feldherr nach seiner Alpenüberquerung überschritten haben soll, den Boate, der seinen Lauf seitdem jedoch verändert hat.

Erholung findet man im weiten **Parco Comunale** am östlichen Rand der Bucht. Hier hat sich die internationale, ausgezeichnet bestückte Ligurien-Bibliothek in der **Villa Tigullio** (19. Jh.) auch zu einem gesellschaftlichen Treffpunkt entwickelt. Sie bewahrt die Atmosphäre eines magischen Ortes, zu dessen Gäste einst Ernest Hemingway, Gerhart Hauptmann und Ezra Pound zählten.

Faszinierend sind die Exponate des im gleichen Gebäude beheimateten **Museo del Merletto** (Di, Mi, Fr, Sa 15–18.30, Do, So 10–12 Uhr). Hier wird das Kunsthandwerk des Spitzenklöppelns anhand kostbarer Einzelstücke erläutert.

Der *moderne Tourismus* der stark expandierenden Stadt ist durch die ausgezeichneten Sportmöglichkeiten (Tennis, Golf, Reiten, Bogenschießen) geprägt.

Ein beliebter Ausflug führt mit der Seilbahn zur 612 m hoch gelegenen Wallfahrtskirche **Nostra Signora di Montallegro** von 1558 mit neugotischer Fassade (19. Jh.), zu der vor allem Seeleute pilgern, wie man an den nautischen Exvoti sehen kann.

Im früheren Fischerdorf **San Michele di Pagana** (Richtung Santa Margherita) – heute ein Vorort Rapallos – birgt die Kirche San Michele eine ›Kreuzigung mit Heiligen‹ von Van Dyck.

Erst im 19. Jh. konnte sich der Küstenort **Zoagli** (5 km östlich) von Rapallo unabhängig machen. In der heute im Schatten der hohen Eisenbahntrasse am Ufer lebenden Gemeinde hat sich seit dem 13. Jh. ein Traditionshandwerk gehalten: Zoagli besitzt noch zwei Handwebereien für luxuriösen gemusterten *Samt* und *Seidendamast*. Und noch ein weiteres Muster ist hier sehenswert: die fantasiereiche Kieselpflasterung des Vorplatzes der Kirche San Martino.

Praktische Hinweise

Information

IAT Rapallo, Lungomare Vittorio Veneto 7, Rapallo, Tel. 01 85 23 03 46, Fax 018 56 30 51, www.comune.rapallo.ge.it

IAT Zoagli, Piazza S. Martino 8, Zoagli, Tel. 01 85 25 91 29 (saisonal)

Hotels

***Le Palme**, Via Aurelia 166, Zoagli, Tel. 01 85 25 90 42, Fax 01 85 25 80 71. Zwölf-Zimmer-Hotel in Villa mit Garten gleich hinter der zentralen Piazza.

Bandoni, Via Marsala 24, Rapallo, Tel. 018 55 04 23, Fax 018 55 72 06. Günstig, in Jugendstilpalazzo an der Promenade.

4 Rapallo

Sag mir, wo die Fremden sind – einsame Liegestühle in Santa Margherita Ligure

Restaurants
La Goletta, Via Magenta 28, Rapallo, Tel. 0185 66 92 61. Feine Fischgerichte in sachlich-nautischem Ambiente zu maßvollen Preisen (Di geschl.).

Trattoria Quaranta, Via Mameli 61, Rapallo, Tel. 0185 27 13 92. Schlichte Familientrattoria (So geschl.).

U Bansin, Via Venezia 49, Rapallo, Tel. 0185 23 11 19. Einst Hemingways Stammkneipe, im Zentrum (So geschl.).

5 Santa Margherita Ligure *Plan Seite 46*

Feine Adresse und Ankerplatz für Jachten.

San Lorenzo della Costa – Parco Naturale di Portofino

Ein herrlicher Rundblick auf Rapallo und den Tigullischen Golf, die Mastenwälder der Segeljachten, Hotelpaläste der Belle Époque und die offene Fischmarkthalle an der langen, palmengesäumten Strandpromenade: Das leicht verstädterte und angenehm lebendige Santa Margherita

Traum in Weiß – das Imperial Palace Hotel in Santa Margherita Ligure

Ligure ist mehr als nur der erschwinglichere Vorposten von Portofino. Verkehrsmäßig gut angebunden, eignet es sich durchaus als Standquartier – mit Ausflugsmöglichkeiten nach Genua und Wanderexkursionen im Naturschutzgebiet *Parco Naturale di Portofino*.

Pescino (im Norden) und **Corte** (im Süden) heißen die beiden historischen Ortskerne, die 1813 als Porto Napoleone vereint wurden. Erst 1863 erhielten sie ihre heutigen Namen. Das Ortsbild Santa Margheritas wird von dem weiten, von Palmen und Zypressen beschirmten Park der ochsenblutrot angestrichenen **Villa Durazzo** (im Sommer Di–So 9.30–19Uhr, im Winter bis 16.30 Uhr) beherrscht, in dem auch Konzerte stattfinden. Der manieristische Palast, 1560 im genuesischen Stil von Galeazzo Alessi errichtet, beherbergt heute Sommerakademien, Ausstellungen und Kongresse. Von der hübschen Barockkirche **San Giacomo di Corte** mit weiß aufgeputzter Stuckfassade (gegenüber dem Parktor) führen Rampen hinab zum Hafen. Die kleine, gelbweiß gestrichene Kirche **San Erasmo** mit ihrem Vorplatz erinnert fast an Kirchen der griechischen Inseln. Im Inneren erzählen Exvoti von den Nöten und Gefahren der Seefahrt und von intensiver Volksfrömmigkeit.

Santa Margherita Ligure

Im Stadtteil **Corte** dümpeln vor der weit in den Golf hinausragenden Landzunge *Calata del Porto* die Jachten an ihren Bootsstegen. Erst hinter dieser Bucht Richtung Paraggi-Portofino beginnen die Badestrände und die Kette der großen Nobelherbergen, die von dem legendären *Grand Hotel Miramar* angeführt wird.

Nordwärts Richtung **Pescino** bummelt man am Ufer entlang – vorbei an der Fischmarkthalle und einem Küstenwachtturm von 1550. Dahinter fällt die **Chiesa dei Cappuccini** durch ihre schwarz-weiß gestreifte Fassade auf. Die Marmorstatue der ›Thronenden Maria‹ mit einem verstümmelten Christusknaben gilt als provenzalische Arbeit des 12. Jh. Die palmenbestandene Uferpiazza *Martiri della Libertà* wird von dem üblichen Kolumbusstandbild geprägt. Nostalgische blaue Waagen laden die Kurgäste zur Gewichtskontrolle. Nach einem Blick auf die Hotelpaläste des Pagana-Hügels kann man noch durch die Altstadtgassen bei der Basilika **Santa Margherita d'Antiochia** bummeln. Der Barockbau von 1770 mit einer Fassade von 1876 ist zwar architektonisch eher konventionell, enthält aber einige ansprechende Gemälde der ligurischen Barockschule. Anschließend kann man im nostalgischen *Caffè Colombo* in der Via Pescino bei einem Negroni die Eindrücke des Tages an sich vorüberziehen lassen.

Ausflüge

Das Dorf *San Lorenzo della Costa* in Kammlage gilt als Geheimtipp, weil es als einzige größere Ortschaft der Portofino-Halbinsel von den Auswüchsen des Tourismus verschont geblieben ist und solide einheimische Restaurants aufweist.

Das hohe Alter der Kirche **San Lorenzo della Costa** lässt sich an romanischen Resten ablesen, die in die moderne Fassade integriert sind. Der stuckierte barocke *Innenraum* bewahrt ein kostbares flämisches Triptychon (1499) im Stil Hans Memlings (3. Kap. links). Der ans Kreuz geschlagene Apostel Andreas wird von Darstellungen der ›Hochzeit von Kanaa‹ und der ›Auferweckung des Lazarus‹ flankiert. In geschlossenem Zustand zeigt das Werk Adam und Eva.

Als Ausgangspunkt für entspannende Wanderungen durch den **Parco Naturale di Portofino** und auf den *Monte di Portofino* bietet sich der Weiler **Nozarego** an (Linienbus von Piazza Martiri in Santa Margherita). Portofino selbst liegt ca. 1,5 Std., der Strand von Paraggi 1 Std. entfernt. Unterwegs kann man – zwischen Ölbäumen und Orchi-

5 Santa Margherita Ligure

deen, Steineichen und Erdbeerbäumen – mit etwas Glück Perl- und Smaragdeidechsen vorbeihuschen sehen.

ℹ Praktische Hinweise

Information
IAT, Via XXV Aprile 2b, Santa Margherita Ligure, Tel. 018 52 92 91, Fax 01 85 29 02 22, www.comune.santa-margherita-ligure.ge.it

Hotels
*******Imperial Palace**, Via Pagana 19, Santa Margherita Ligure, Tel. 01 85 28 89 91, Fax 01 85 28 42 23, www.hotelimperiale.com. Höchstpreise; auf den Spuren Rathenaus und Tschitscherins, die hier den Rapallo-Vertrag unterzeichneten.

TOP TIPP ******Grand Hotel Miramare**, Via Milite Ignoto 30, Santa Margherita Ligure, Tel. 01 85 28 70 13, Fax 01 85 28 46 51, www.grandhotelmiramare.it. Von der göttlichen Greta Garbo wie der Diva Maria Callas gleichermaßen geliebtes Luxushotel an der Strandpromenade.

****Villa Anita**, Via Tigullio 10, Santa Margherita Ligure, Tel. 01 85 28 65 43, Fax 01 85 28 30 05, www.hotelvillaanita.com. Günstige, freundliche Pension mit Parkplatz. Man spricht deutsch.

Agriturismo Gnocchi, Via Romana 53, S. Lorenzo della Costa, Tel. 01 85 28 34 31. Sechs Zimmer mit antiken Möbeln im Bergdorf, Olivengarten und viel englischsprachiges Publikum.

Restaurants
Baicin, Via Algeria 9, Santa Margherita Ligure, Tel. 01 85 28 67 63. Familienbetrieb mit bestem Preis-Leistungs-Verhältnis für frischen Fisch (Mo geschl.).

Caffè del Porto, Via Bottaro 32 (Corte), Santa Margherita Ligure, Tel. 01 85 28 70 44. Snacks und gute Champagnerauswahl zum Frühstück.

6 Portofino

Mondäner, malerischer Fischerhafen, am besten per Boot anzusteuern.

Portofino ist die Traumkulisse Liguriens, die Fischerbucht als Theater der Eitelkeiten. In die ochsenblutroten und ockergelben schmalen Fischerhäuser der *Palazzata*, der Hafenfassade, sind bis auf wenige Ausnahmen längst Boutiquen, American Bars und der italienische Jacht-Adel eingezogen. Angefangen hatte alles mit Montague Yeats Brown, dem britischen Konsul in Genua. Dieser hatte die genuesische Bastion *Fortezza* (Castello Brown) 1870 erworben und damit den touristischen Mythos der abgeschiedenen Bucht begründet, die in der Antike als *Portus delphini* bekannt war.

Vom Meer fährt man direkt ins Café – Fischerboote an der Piazza von Portofino

Wer mit dem Auto nach Portofino will, sollte viel Zeit haben. Denn die einzige Stichstraße von Santa Margherita Ligure ist im Sommer chronisch verstopft, elektronische Anzeigetafeln bei dem einstigen Fischer- und Mühlendorf **Paraggi** vermelden die voraussichtliche Wartezeit. Die Geduldigsten dürfen dann im vermutlich teuersten Parkhaus Italiens parken. Nerven und Geldbeutel schonende Alternativen sind die im Sommer stündlich verkehrenden **Fährboote** oder der oft ebenfalls im Stau steckende Linienbus von Santa Margherita sowie wunderschöne Wanderwege im *Parco Naturale di Portofino*.

Auch in Portofino selbst sollte man spazierengehen: Von der rechten Uferpromenade *Calata* führen Treppen zur mittelalterlichen (im Zweiten Weltkrieg zerstörten) Kirche **San Giorgio** und einem berühmten Portofino-Panoramablick. Daneben erhebt sich das **Castello di San Giorgio** (16. Jh.), ein ehem. Quarantäne-Lazarett, das sich der deutsche Sektkönig Baron Alfons von Mumm Ende des 19. Jh. zu einer Gartenvilla umgestalten ließ. An der Treppe steht auch die *Villa Carnarvon*, eine der Residenzen Lord Carnarvons, des spleenigen Finanziers der Tut-Anch-Amun-Ausgrabung. Hier war 1886 der spätere deutsche Kaiser Friedrich III. zu Gast.

Ein obligater Abstecher führt zum Castello Brown (Schiefermuseum) und von da in 15 Min. zum Leuchtturm von **Punta del Capo** mit weitem Blick über den Tigullischen Golf. Herrlich, doch anstrengend, ist auch die zweistündige Wanderung nach San Fruttuoso.

Praktische Hinweise

Information
IAT, Via Roma 35, Portofino, Tel. 01 85 26 90 24

Hotel
****Splendido**, Viale Baratta 13, Portofino, Tel. 01 85 26 78 01, Fax 01 85 26 78 06, www.hotel-splendido.com. Hotel mit märchenhaften Preisen und märchenhaftem Luxus. Eigener Parkplatz.

Restaurants
Concordia, Via del Fondaco 5, Portofino, Tel. 01 85 26 92 07. Bergwärts im ›untouristischen‹ Teil Portofinos, Spaghetti mit Oliven und Scampi sowie Kraken mit Pataten kommen hier auf den Tisch (Di geschl.).

Puny, Piazza Martini Olivetta 7, Portofino, Tel. 01 85 26 90 37. Bodenständiger Luxusschauplatz. Thunfischsalami, Glasaalspaghetti, dampfgekochter Schwertfisch (Do geschl.).

6 Portofino

Wo schauen sie denn hin? Superjachten in der Nobelbucht

6 Portofino

von Portofino – teuerster Ankerplatz Italiens

7 San Fruttuoso *Plan Seite 46*

 Badestrand mit Blick auf die Abtei der Doria.

Die altehrwürdige Abtei **San Fruttuoso di Capodimonte**, die sich in eine einsame Bucht der Portofino-Halbinsel schmiegt, gehört ebenfalls zu den absoluten Traumzielen Liguriens. Zu erreichen sind die Abtei und der winzige dazugehörige Fischerort nur mit dem Boot, auf steilen Wanderwegen oder – Zugeständnis an die Moderne und die Gäste der begehrten *Klosterkonzerte* – mit dem Helikopter. Kultur und Badefreuden lassen sich dank des kleinen **Strands** vor der Abtei angenehm verbinden.

Geschichte   Die Asche des hl. Fructuosus, Märtyrer-Bischof von Tarragona, wurde von Prosper, einem seiner Nachfolger, im 8. Jh. vor der arabischen Invasion Spaniens hierher gerettet. Seinen bescheidenen Klosterbau zerstörten islamische Piraten, doch im 10. Jh. errichteten die Benediktiner ein neues **Kloster**. Mit großen Besitzungen in Genua und kaiserlichen Privilegien ausgestattet, galt San Fruttuoso als eines der reichsten Klöster Liguriens. 1275 übernahm die Familie Doria das Patronat, erbaute den (stark restaurierten) **Schautrakt** am Ufer und bestimmte San Fruttuoso zur *Grablege* ihres Geschlechts. Admiral Andrea Doria ließ 1550 den Wehrturm errichten. 1914 beschädigte eine Sturmflut den Komplex, in dem mittlerweile Fischer wohnten, schwer. Die umgreifende Restaurierung von 1933/34 stellte vor allem die Uferfassade mit den Triforienfenstern wieder her. Die Familie Doria-Pamphili trat das Kloster 1983 an den FAI (Italienischer Umweltfond) ab, der die Anlage restauriert und in ein Museum umgewandelt hat.

Besichtigung   Die **Kirche** (Mai–Sept. tgl. 10–18, Dez.–Febr. Sa, So 10–16, März–Mai, Okt. Di–So 10–16 Uhr, Nov. geschl., letzter Einlass 30 Min. vor Schließung), eine dreischiffige Basilika mit Halbtonne und drei Apsiden, im 10. Jh. begonnen, wurde nach 1275 ausgebaut. Die *Fassade* ist modern.

Der zweigeschossige *Miniatur-Kreuzgang*, der im 13. Jh. unter Verwendung von antiken und frühmittelalterlichen Bauteilen entstand, umfasst nicht mehr als 9 x 12 m. An seiner Südseite wurde eine achtbogige Loggia mit arabisierenden Säulchen freigelegt. Das Obergeschoss des Kreuzgangs gab einst den Blick auf die Bucht frei. In feierlich-sakraler Schwarz-Weiß-Streifung sind die auf Zwergsäulchen ruhenden Steinbaldachine der Doria-Gräber in der sich anschließenden **Krypta** gehalten. Vor dem Ausbau von San Matteo in Genua [s. S. 22] ließen sich hier 1275–1305 hohe Herren aus dieser berühmten Adelssippe bestatten: Jacopo Doria war Botschafter in Byzanz, Guglielmo im maurischen Granada und Babilano in Neapel. Nicolo und der Admiral Egidio glänzten – ebenso wie Ansaldo, der Eroberer von Almería und Tortosa – durch Waffentaten.

Für die Normalsterblichen San Fruttuosos hingegen war früher das *Seebegräbnis* üblich. Wenn heute einer der ca. 25 Bewohner das Zeitliche segnen sollte, wird er mit einer Totenbarke nach Camogli überführt. Dabei passiert das Boot den *Cristo degli abissi*, eine kolossale Bronzestatue, die 1954 unter Wasser am Eingang der Bucht verankert wurde.

ℹ Praktische Hinweise

Bootsverbindungen
Trasporto Golfo Paradiso, San Fruttuoso, Tel. 01 85 77 20 91, Fax 01 85 77 12 63 (ganzjährig von Camogli)

Servizio Marittimo del Tigullio, Santa Margherita Ligure, Tel. 01 85 28 46 70 (von Portofino und Rapallo während der Sommermonate)

Hotel
*****Da Giovanni**, San Fruttuoso, Tel. 01 85 77 00 47. Einziger Albergo am Platz, schlicht, preisgünstig und lange im Voraus ausgebucht (geöffnet Juni bis Sept.).

Restaurant
La Cantina, San Fruttuoso, Tel. 01 85 77 26 26. Rustikale Fischertrattoria mit Bollerofen.

8 Chiavari

Altstadt der Laubengänge und modernes Seebad.

Borzonasca – Borzone – Santo Stefano d'Aveto

Wer auf der breiten, gesichtslosen Uferstraße, entlang des riesigen Jachthafens und des obligatorischen Kolumbusdenkmals, vorbeifährt, verpasst viel. Denn trotz seiner knapp 30 000 Einwohner: Chiavari ist im **Centro Storico** mit seinen schattigen Laubengängen (*Carrugi*), sei-

Himmlische Kombination nicht nur für Mönche – Abtei San Fruttuoso mit Badestrand

nen bunten Märkten und seinen alteingesessenen Osterien eine der ursprünglichsten und reizvollsten Städte Liguriens geblieben. Hier findet man noch Traditionshandwerk wie die *Campanino*-Stühle mit handgeflochtener Sitzfläche und *Spitze* in der aus dem Orient entlehnten Makramee-Knüpftechnik.

Geschichte Der alte Borgo wurde im 12. Jh. als Grenzfestung durch genuesische Konsuln ausgebaut und wuchs bald zum bedeutendsten Zentrum der Riviera di Levante heran. Seit 1332 war Chiavari Vikariatssitz und erhielt 1646 als erste Siedlung Ost-Liguriens das Stadtrecht. Im 18. Jh. florierten Möbelmanufakturen und der Schieferhandel. 1805 wurde Chiavari sogar Hauptstadt des napoleonischen Départements Apenninen und war anschließend auch im Königreich Sardinien-Piemont Provinzhauptstadt (1817– 59). In den letzten 100 Jahren ist die Stadt stark gewachsen: Investierten um 1900 vornehmlich reiche, nach Südamerika ausgewanderte Kapitäne, so wird heute ein Drittel der Wohnungen von Italienern als Feriensitz genutzt.

Besichtigung Ausgangspunkt ist die Kolumbusstatue am Hafenkorso (auf dem Hafengelände großer Parkplatz). Unter der Eisenbahn schlendert man über den Corso Garibaldi bis zur Piazza Matteotti mit einer Garibaldistatue. Die Barockkirche **San Francesco** wird für Kunstausstellungen genutzt. Links entdeckt man an einem barocken Prunktor das Bild der *Madonna dell'Orto*, das von Marmorputti getragen wird.

Der benachbarte blockartige **Palazzo Costaguta-Rocca**, 1626 von Bartolomeo Bianco begonnen, ist eines der frühesten Beispiele für die ligurische Fassadenmalerei mit Scheinarchitektur. Er enthält zwei Sammlungen. Im Erdgeschoss dokumentiert das kleine **Museo Archeologico** (Di–Sa sowie 2. und 4. So des Monats 9–13.30 Uhr) die Ausgrabung einer vorrömischen Nekropole der Tigullier (8.–7. Jh. v. Chr.) mit interessanten Grabbeigaben. Die **Pinacoteca Civica** (Sa, So 10–12 und 16–19 Uhr) im 1. Stock sollte man nicht nur wegen der genuesischen Barockgemälde, sondern auch wegen der Einrichtung, u. a. mit fein gedrechselten *Campanino*-Stühlen, anschauen.

Nach einer Pause im *Gran Caffè Defilla* (Piazza Garibaldi) strebt man auf der Via Ravaschieri nach links zur Piazza Fenice. Sie wird vom ›Palast der schwarzen Lauben‹, **Palazzo dei Portici Neri**, aus dem 13. Jh. dominiert. Die freigelegten, ungewöhnlich hohen und bossierten Erdgeschossarkaden deuten auf ein Adelshaus. Rechts bergauf findet man den Eingang zur romantischen Villa Comunale (Stadtpark), die einst zum Palazzo Costaguta-Rocca gehörte. Dann geht es in die regelmäßigen Fluchten der niedrigen, von stämmigen Säulen flankierten mittelalterlichen Gassen mit ihren Laubengängen. Besonders schön ist der alte **Carrugio dritto**, die Via Martiri. Über kurz oder lang landet man auf der belebten **Piazza Mazzini**. Hier, vor der historistischen Fassade des Palazzo della Giustizia (1886) – errichtet über der geschleiften **Cittadella**, von der der hintere Zinnenturm blieb – spielt sich jeden Vormittag ein farbenfroher *Obst-* und *Gemüsemarkt* ab.

Rechts neben dem Palazzo Torriglia (17. Jh.) erinnert der Name der *Via dei Remolari* daran, dass hier einst die Werkstätten der Rudermacher waren.

Hinter der Cittadella öffnet sich ein weiter Platz auf die klassizistische Säulenvorhalle, die 1841–1907 der **Cattedrale Nostra Signora dell'Orto** vorgeblendet wurde. Der stuckgeschmückte vergoldete *Innenraum* entstammt hingegen noch im Wesentlichen der Zeit der Erbauung (1613–33). Beachtenswert ist am Hochaltar das angeblich pestheilende *Gnadenbild*, ein Fresko des einheimischen Malers Benedetto Borzone (vor 1500), das 1610 in einem Garten an der Stelle des heutigen Doms wiedergefunden wurde. Die Decken- und Apsisfresken des 19. Jh. schildern ausführlich die Schicksale dieser Ikone. Auffällig sind auch die Prozessionsgruppen des großen Genueser Holzschnitzers Antonio Maria Maragliano (1664–1741) in den beiden Querschiffen.

Nach einem Blick auf Bahnhof und *Municipio* (Rathaus) sollte man beim Zurückschlendern unbedingt noch die weit über Chiavari hinaus berühmten hiesigen *Farinata* (Kichererbsenpuffer) bei *Luchin* testen.

Ausflüge

Ligurische Bergwelt unverfälscht erlebt man bei einem Abstecher nach **Borzonasca** im Sturla-Tal. Kunstgeschichtlich ist die Abtei **S. Andrea** in **Borzone**, die vor einsamer Bergkulisse ruht, Hauptanziehungspunkt. Sie wurde bereits im 7. Jh. vom apenninischen Kloster Bobbio (Emilia), das der irische Apostel Columban gegründet hatte, ins Leben gerufen. Trotz zahlreicher Umbauten im 18. und 19. Jh. blieb der romanische *Campanile* aus dem Jahr 1244 erhalten. Im Chorraum der Kirche befinden sich ein Flügelaltar mit Abbildungen von verschiedenen Heiligen (15. Jh.) und ein Schiefer-Tabernakel von 1513.

Von hier kann man sich auch gut für Bergtouren in den ganz Ligurien durchquerenden Höhenwanderweg *Via Alta* [s. S. 134] einklinken. Bergsport ist ebenfalls im Aveto-Tal an der Grenze zu Lombardei und Emilia Romagna angesagt. Besonders **Santo Stefano d'Aveto** (60 km von Chiavari, tgl. Linienbusverbindung), einst von Abwanderungsproblemen gezeichneter Bergbauernort in landschaftlich schöner Hochebene, hat sich in den letzten Jahren zu einem Ferienquartier alpinen Stils gemausert. Neben Wanderwegen und *Bergsteigerkursen* im *Parco Nazionale Val d'Aveto* lockt hier vor allem das winterliche *Skiangebot* mit Seilbahn, drei Schleppliften und Loipen.

ℹ Praktische Hinweise

Information

IAT Chiavari, Corso Assarotti 1, Chiavari, Tel. 01 85 32 51 98, Fax 01 85 32 47 96

IAT Santo Stefano d'Aveto, Piazza del Popolo 6, Santo Stefano d'Aveto, Tel. 018 58 80 46

Hotel

***Hotel S. Pietro**, Corso Valparaiso 184, Chiavari, Tel. 01 85 30 76 72, Fax 01 85 32 37 39. Spartanische Zimmer mit Meerblick.

Via Alta – ligurisches Naturerlebnis für Wanderer, die hoch hinaus wollen

Restaurant

Luchin, Via Bighetti 51–53, Chiavari, Tel. 01 85 30 10 63, www.luchin.it.
[TOP TIPP] Legendäre Osteria unter Lauben mit Interieur von 1907. Für die *Farinata* aus Kichererbsenmus reist man eigens an (So geschl.).

9 Lavagna

Heimat der berühmten Familie der Fieschi – und einer riesigen Torte.

Cogorno-San Salvatore

Lavagna ist praktisch mit den Vorstädten von Chiavari verwachsen. Die Entella-Mündung bildet die Gemeindegrenze. Der Bade- und Jachtort war Haupthafen für die Ausfuhr von Schiefer, der im Hinterland abgebaut wird (*Lavagna* bedeutet auf italienisch Schiefertafel).

Am 14. August wird hier eines der aufwendigsten Volksfeste Liguriens gefeiert: die **Torta dei Fieschi**. Das Ritterspektakel erinnert an die Heirat Opizzo Fieschis mit der Sieneserin Bianca dei Bianchi (1230). Höhepunkt des Festes ist die Verteilung und Vertilgung einer 1400 kg schweren Gemüsetorte *(Torta)*.

Das hier heimische Adelsgeschlecht der Fieschi erlangte u. a. dadurch Berühmtheit, dass es vom 12. bis 16. Jh. Genua wiederholt Widerstand leistete. Mit der Verschwörung gegen Andrea Doria, bei der Gian Luigi Fieschi 1547 auf tragische Weise ums Leben kam [s. S. 19], war die Glanzzeit der Familie vorüber. Diese hatte vor allem eine stattliche Zahl von Kirchenmännern und -frauen hervorgebracht: 72 Kardinäle, zwei Päpste – darunter Innozenz IV., Widersacher des Stauferkaisers Friedrich II. – und nicht zu vergessen Caterina Fieschi-Adorno, die ›hl. Katharina von Genua‹.

Trotz dieser stolzen Vergangenheit enthält der verstädterte Ort wenige Sehenswürdigkeiten. Am hübschesten ist ein Bummel durch die Altstadt-Arkaden der **Via Dante** und die Kieselmosaik-Treppe zum Barockdom **Santo Stefano**. Sehenswert sind auch die Fassadenmalereien vieler Patrizierhäuser (besonders an der Via Roma).

Ausflug

Unbedingt sollte man in **Cogorno-San Salvatore** die **Basilica dei Fieschi** besuchen, die mit dem Palazzo Comitale (1252) ein eindrucksvolles mittelalterliches

Imposanter Abschluss der Via Dante – Barockdom Santo Stefano in Lavagna

Ensemble bildet. Papst Innozenz IV. ließ die nur im oberen Bereich weiß gebänderte Kirche ab 1245 erbauen, sie wurde 1252 von Papst Hadrian V. vollendet. Das Lunettenfresko zeigt die beiden Fieschi-Päpste vor dem Gekreuzigten, gotisch-virtuos ist die 18-speichige Fensterrose, die von den Evangelistensymbolen flankiert wird. Der *Innenraum* mit Holzdecke und dekorierten Würfelkapitellen beeindruckt durch seine herbe Schlichtheit.

Praktische Hinweise

Information

IAT, Piazza della Libertà 48/a, Lavagna Tel. 01 85 39 50 70, Fax 01 85 39 24 42

IAT Lavagna Cavi, Via Lombardia, Lavagna, Tel. 01 85 39 56 80 (saisonal)

Restaurant

Ostaia Cà da Gurpe, Cogorno-Monte San Giacomo, Tel. 01 85 38 13 55. Rustikale Trattoria im Kastanienwald in 600 m Höhe, emilianische und ligurische Schmankerl (nur Fr und Sa abends sowie So geöffnet).

9 Lavagna

Weil diese Schönheit sprachlos macht – die ›Baia del Silenzio‹ in Sestri Levante

Schiefer-Museum in sechs Etappen

Schieferabbau, Transport und Verarbeitung war für das Hinterland von **Lavagna** jahrhundertelang die Hauptverdienstquelle. So entstand eine eigene Lebensform, die **cultura dell'ardesia** (Schieferkultur). Während die Männer in den Steinbrüchen arbeiteten und die schwierige Kunst erlernten, wenige Millimeter dünne Schieferplatten abzuspalten, transportierten die Frauen die angeblich bis zu 70 kg schweren Platten auf dem Kopf und barfuß bis zum Ausfuhrhafen Lavagna.

Der Schiefer diente nicht nur für **Tafeln** und als **Dachschindel** (ciappe; Genua ist mit Schiefer gedeckt!), sondern auch für **Fußböden** und als Werkstoff für kostbare **Reliefs**, die man immer wieder an ligurischen Portalen findet. Auch heute noch ist ligurischer Schiefer bei eingeschränkter Produktion weltweit führend – als bester Untergrund für den Filz der Billardtische. Und auch die ländliche Tradition, auf den wärmeleitenden **ciappe** Speisen zu garen, wird modern uminterpretiert. Mittlerweile kann man ganze Einbauküchen aus Schiefer erwerben.

TOP TIPP Im Fontanabuona-Tal verbindet das **Ecomuseo la Via dell'Ardesia** (Schiefer-Museum) das Erlebnis eines einsamen Bergtals und herrlicher Natur mit dem Besuch von sechs Museumsetappen: In **Aveno** besichtigt man einen Schausteinbruch, in **Ferrada di Moconesi** (aus der Gegend kamen Kolumbus' Vorfahren) das eigentliche Museum, in **Cornia** oder **Isolona** Werkstätten, in **Chiapparino** einen Schieferladen mit reicher Produkt-Auswahl vom Kamin bis zum Briefbeschwerer und in **Cogorno** die alten Lastenwege zum Meer. Ein unbedingt zu empfehlender Tagesausflug in die Entroterra! Information:

Comunità Montana Fontanabuona, Cicagna, Tel. 01 85 97 10 91, Fax 0 18 59 28 70, www.fontanabuona.ge.it

10 Sestri Levante

Malerische Altstadt, zauberhafte Buchten.

Punta Manara – Riva Trigoso – Varese Ligure

Sestri, das antike *Segesta Tigulliorum*, mag mit seinen 20 000 Einwohnern und modernen Vororten auf den ersten Blick etwas anonym wirken. Doch die hübsche Altstadt, auf dem Isthmus der **Isola**-**Halbinsel** gelegen, erfreut mit zwei schönen Sandstränden. Zum Tigullischen Golf öffnet sich die breite **Baia delle Favole** (Märchenbucht), von Hans Christian Andersen auf diesen Namen getauft. Ostwärts liegt die halbkreisförmige **Baia del Silenzio** (Bucht des Schweigens) **TOP TIPP** mit alten Häusern, vor denen bunte Fischerboote dümpeln. An dem kieseligen Strandstreifen genießen Badegäste im Sommer nicht nur das herrlich klare Wasser, sondern auch den unvergleichlichen Blick auf die Bucht.

Die **Piazza Matteotti** – an der engsten Stelle der Landzunge – bildet das Zentrum der *Altstadt*. Bis ins 15. Jh. verlief hier ein Kanal, der die Isola vom Festland schied. Optisch prägend ist die klassizistische Säulenfassade, die 1840 dem Barockdom **S. Maria di Nazareth** (G. B. Carlone, 1604–16) vorgeblendet wurde. Auf dem Hochaltar stellt eine Marmorgruppe (1762) Maria mit Engeln dar, die das Geburtshaus Mariens, die in Loreto verehrte Casa Santa, tragen. Hinter dem Dom führen Fußwege zur romanischen Pfarrkirche **San Nicolò all'Isola**, der mittelalterlichen Pfarrkirche (1151).

Verlockend ist auch ein Spaziergang im Park des *Grand Hotel dei Castelli*, der einen großen Teil der Halbinsel einnimmt. Dieser einsame Rundweg um die Isola gewährt herrliche Ausblicke auf die Portofino-Halbinsel. Am höchsten Punkt steht die **Torretta Marconi**, ein Turm, von dem aus der Physiker Guglielmo Marconi im Sommer 1934 die ersten Kurzwellenexperimente (Radar) durchführte.

Von der Haupteinkaufsstraße, der **Via XXV Aprile**, rechts abbiegend, gelangt man zur Kirche **Immacolata Concezione** (17. Jh.) mit einer ganzjährig geöffneten Krippe. Von der Terrasse bietet sich der beste Panoramablick auf die Baia del Silenzio.

Ochsenblutrotes Luxushotel – Villa Balbi in Sestri Levante

Ausflüge

Wer gerne wandert, kann von hier in ca. 1,5 Std. auf einem Küstenpfad inmitten würziger Macchia zur **Punta Manara** im Naturschutzpark Monte Castello vordringen.

Der Vorort **Riva Trigoso**, 3 km östlich, wirbt zwar mit seinem breiten Sand-Kiesel-Strand, wird aber eher durch die *Fin-*

10 Sestri Levante

cantieri-Werft, die sich auf Kriegsschiffe spezialisiert hat, geprägt. Auswanderer von hier gründeten übrigens Santa Cruz in Kalifornien.

Sestri eignet sich auch als Ausgangspunkt für eine Fahrt nach **Varese Ligure** (34 km) im Vara-Tal. Der winzige Rundborgo mit mittelalterlichen Laubengängen wurde zu einem Vorzeigedorf restauriert.

i Praktische Hinweise

Information
IAT, Piazza San Antonio, Sestri Levante, Tel. 01 85 45 70 11, Fax 01 85 45 95 75

Hotel
 ****Grand Hotel Villa Balbi**, Sestri Levante, Viale Rimembranza 1, Tel. 018 54 29 41, Fax 01 85 48 24 59, www.villabalbi.it. Zentral gelegener Palazzo mit alten Möbeln, Schwimmbad und eigenem Strand.

Restaurant
La Cantina del Polpo, Piazza Cavour 2 r, Sestri Levante, Tel. 01 85 48 52 96. ›Altherrenstüberl‹ mit schöner Vertäfelung aus der Zeit um 1900, *Focacce*, Salate und vorzüglicher Vermentino.

11 Moneglia

Blaue Fahne für sauberes Wasser.

Das etwas abgelegene Moneglia, von Sestri-Riva über einen abenteuerlichen Einbahn-Küstentunnel mit Ampelschaltung zu erreichen, besitzt einen langen *Sandstrand*, dem (als einem von 205 italienischen) von der EU auch 2006 die Blaue Flagge für Wasserqualität verliehen wurde. Der Ort selbst, von der obligaten Küstenstraße und Eisenbahntrasse vom Strand geschieden, ist rund um die Altstadt modern zersiedelt, doch bietet die Umgebung herrliche einsame Wanderwege und Felsküsten.

Antike römische Karten bezeichnen bereits eine Wegstation **Monilia**, was ›Juwelen‹ bedeutet. Der kleine Fischerort wurde 1153 von Genua annektiert und befestigt. Aus Moneglia stammt der Librettist Felice Romani (1789–1865), der für den sizilianischen Komponisten Vincenzo Bellini Textbücher, z. B. für die Oper *Norma*, schrieb.

Das ansprechende, durch einen Hügel in zwei Kerne geteilte Zentrum wird von

Cinque Terre – Wanderparadies zwischen Himmel und Meer

Riomaggiore, **Manarola**, **Corniglia**, **Vernazza** und **Monterosso**: Diese fünf abenteuerlich in enge Buchten der Steilküste geschachtelten Fischerdörfer mit ihren bunten Miniaturhochhäusern haben der Gegend vom Kap Punta Mesco bis Portovenere den Namen gegeben. Die Cinque Terre bilden eine durch harte Arbeit geschaffene Traumlandschaft, die seit 1997 UNESCO-Weltkulturerbe ist. Sie bieten dem Besucher Fischerdörfer und Weinbergwanderungen zwischen Himmel und Meer.

Bergwärts steigen die schier endlosen, jahrhundertealten Rebterrassen (Strisce) an, auf denen wie eh und je in mühsamer Handarbeit berühmte **Prädikats-Weißweine** (der trockene Cinque Terre und der teure Dessertwein Sciacchetrà) gezogen werden. Lediglich der Transport der reifen Trauben wird heutzutage meist mithilfe mobiler Schweizer Miniaturlifte erledigt. Die härteste Knochenarbeit besteht jedoch im ständigen Ausbessern der Terrassenmauern (Fasce), denn bei jedem Regenguss droht ein Erdrutsch des aus Sandstein, Mergel und Tonschiefer geschichteten Terrains.

Doch gerade aufgrund dieser einzigartigen Verbindung aus traumhafter **Steilküste** und ökologischer Arbeitswelt hat sich der **Naturpark** (Eintrittsgebühr!) der Cinque Terre in den letzten Jahrzehnten zu einem fast schon legendären **Wanderparadies** entwickelt – auf engen Maultierpfaden (Mulattiere) lassen sich theoretisch alle fünf Gemeinden in einer kräftigen Tagestour kennen lernen.

Wer den klassischen **Sentiero azzurro** (Blauer Weg) in einem solchen Eiltempo herunterspult, verpasst allerdings viel von der spezifischen Atmosphäre der einzelnen Dörfer. Denn trotz des internationalen Ansturms, der nicht selten zu Wanderstaus vor beliebten Fotomotiven führt, bewahren die geographisch abgeschotteten **Küstenorte**, die erst in den 1970er-Jahren langsam entdeckt wurden, noch

zwei Burgen überragt: im Osten die Ruine des **Villafranca-Kastells** (12. Jh.), im Westen ein historistischer, zinnenbewehrter Palazzo (19. Jh.), der die Stelle der alten Festung **Monteleone** einnimmt.

11 Moneglia

Von der Leichtigkeit des Bauens – Corniglia aus der Vogelperspektive der Winzer

immer ihre eigene Kulturfärbung. Wer nicht nur als ›Massenindividualist‹ durchgeschleust werden will, sollte vielleicht im **Oktober**, wenn viele Italiener zur Weinernte anreisen, oder in den klaren frischen Wintertagen unter Einheimischen die echt gebliebene Herbheit der über dem Meer an den Fels gekrallten Dörfer genießen. Einsame Wandererlebnisse vermittelt auch der steile Aufstieg zu den mittelalterlichen **Wallfahrtskirchen**, die meist weit oberhalb der Orte in schattigen Zypressen- und Pinienhainen liegen.

Als Alternative zu Rückwanderungen bietet sich die **Eisenbahn** an: Die häufig befahrene Linie La Spezia – Genua bedient alle fünf Orte in Minimalzeit. In der Saison gibt es natürlich (bei ruhigem Meer!) auch jede Menge **Schiffsverbindungen**. Die abenteuerliche und sehr zeitraubende Besichtigung mit dem **Auto** auf serpentinenreichen Stichsträßchen ist hingegen allenfalls im Winter erträglich; lediglich in Monterosso und Riomaggiore existieren teure gebührenpflichtige Parkplätze, ansonsten sind die wenigen Parkmöglichkeiten, die das Terrain erlaubt, hoffnungslos überfüllt.

Für Wanderer und Nichtwanderer sind die 24-Std.-Tickets der Bahn, die für beliebig viele Fahrten im Cinque-Terre-Gebiet gelten, zu empfehlen.

Die Wege sind mittlerweile vom CAI (Club Alpino Italiano) gut ausgeschildert und mit Entfernungsangaben versehen. Der klassische Trail von Monterosso nach Riomaggiore ist zwar anstrengend, bereitet aber keine herausragenden Schwierigkeiten. Trotzdem ist festes Schuhwerk dringend anzuraten.

Den östlichen Dorfkern überragt der Campanile der 1726 erbauten Kirche **Santa Croce**. Eine Gedenktafel an der rechten Flanke erinnert an die stolze Seefahrervergangenheit Moneglias. 1284 halfen Moneglieser Matrosen und Kapitäne Genua bei der Schlacht von Meloria gegen Pisa. Nach dem Sieg bei der anschließenden Zerstörung des pisanischen Hafens nahmen sie zwei Glieder der Sperrkette als

11 Moneglia

militärisches Souvenir mit. In der *Sakristei* wird ein ›Abendmahl‹ Luca Cambiasos aufbewahrt. Das Geburtshaus des manieristischen Malers (1527–1585) hat sich nahe der Kirche erhalten.

Im westlichen Ortsteil lohnt die Kirche **San Giorgio** (14. Jh.) mit ihrem gestreiften Campanile einen Besuch. Das Gemälde des drachentötenden ›hl. Georg‹ im Chor wird von Lokalpatrioten sogar Rubens zugeschrieben. Zudem birgt das *Presbyterium* spätgotische Flügelaltäre. Im Kreuzgang (15. Jh.) finden Konzerte statt.

Praktische Hinweise

Information
IAT, Corso Longhi 32, Moneglia, Tel. 01 85 49 05 76, Fax 01 85 40 12 55

Restaurant
Da Pagliettini, Loc. Comeglio, in den Bergen, Tel. 018 54 93 04. Terrasse, Eigenbauwein, Walnussnudeln und Kaninchen (Do geschl.).

12 Levanto

Gelber Sand und grüner Serpentin.

Die von Weinbergen, Kastanien und Pinienwäldern gesäumte Bucht von Levanto ist in den letzten Jahrzehnten arg verbaut worden. Der lang gestreckte *Sandstrand*, durch eine Stelzenstraße von der Altstadt abgetrennt, hat den 6500 Einwohner zählenden Ort dennoch zu einem der beliebtesten Badeplätze Liguriens gemacht.

Neben herrlichen *Wandermöglichkeiten* Richtung Cinque Terre lockt auch ein bedeutendes Bauwerk: Die Kirche **S. Andrea** von 1226 fällt durch die grün-weiß gebänderte Fassade mit rekonstruierter Fensterrose auf. Der dreischiffige *Innenraum* mit ebenfalls gestreiften Säulen und grünlichen romanischen Serpentin-Kapitellen wurde 1463 auf fünf Schiffe erweitert. Auch Chor und Turm sind hochgotisch. In der *Sakristei* werden u.a. von dem Mailänder Carlo Braccesco 1495 bemalte Altarflügel aufbewahrt. Wenige Schritte entfernt führt in einem Oratorium die **Mostra Permanente di Cultura Materiale** (Tel. 018 78 07 76, Ende Juni–Aug. Di–So 21–23 Uhr) in die Arbeitswelt der Fischer und Bauern ein.

Im Franziskanerkloster oberhalb Levantos kann man in der Kirche **SS. Annunziata** eines der ausdrucksstärksten Gemälde des Genuesen Bernardo Strozzi, ›Wunder des hl. Diego‹, sehen.

Die westlich gelegene Bucht von **Bonassola** ist landschaftlich reizvoll. Ein anspruchsvoller Küstenwanderweg führt in 2,5 Std. zur **Punta Mesco** und nach Monterosso. Levanto ist das Tor zu den Cinque Terre!

13 Monterosso al Mare

Badefreuden in den Cinque Terre – der bunte, elegant gekurvte Strand von Monterosso al Mare

ℹ Praktische Hinweise

Information
IAT, Piazza Mazzini, Levanto,
Tel. und Fax 01 87 80 81 25

Hotel
***Stella d'Italia**, Corso Italia 26, Levanto, Tel. 01 87 80 81 09, Fax 01 87 80 90 44. Altmodisches Strandhotel unter Palmen.

Restaurant
Cavour, Piazza Cavour 1, Levanto, Tel. 01 87 80 84 97. Vom Kuttel- und Stockfischladen zur Nobeltrattoria: Spezialität sind *Spaghetti alla pirata* (Mo geschl.).

13 Monterosso al Mare

Das Hauptquartier für Aufenthalte in den Cinque Terre.

Der ausgedehnteste Ort der Cinque Terre (1800 Einw.) mit den meisten Hotels ist eher nichtssagend. Zudem wird die eigentliche Altstadt durch die auf Stelzen gebaute Eisenbahntrasse entstellt. Dahinter liegen die Piazza mit der offenen **Loggia del Podestà** und die Kirche **San Giovanni Battista**, als deren Campanile ein ehem. Küstenwachtturm des 15. Jh. Verwendung fand.

Lohnend ist der Besuch von Kapuzinerkloster und Kirche **San Francesco** am San Cristoforo-Hügel westlich der Altstadt. Das 1623 geweihte Gotteshaus enthält ligurische Barockgemälde und eine ursprünglich Van Dyck zugeschriebene ›Kreuzigung‹. Ein Tunnel unter dem Hügel führt in den lang gestreckten Ortsteil **Fegina**, in dem der Nobelpreisträger Eugenio Montale zeitweise aufwuchs. Am westlichen Ende der hotelgespickten *Badestrände* findet man den Betongiganten, eine kolossale bröckelnde Neptunstatue mit Muschel (1919).

Die Wanderung nach Vernazza ist mit ca. 2 Std. das längste Teilstück des ›Blauen Wegs‹. In waldige Bergwelt entführt der 90-minütige Aufstieg zur Wallfahrtskirche **Madonna di Soviore**. In der nüchtern modernisierten Anlage kann man auch essen, in jugendherbergsartigen Zimmern übernachten – und sich an den uralten Steineichen erfreuen.

13 Monterosso al Mare

Augenweide für Wanderer: Vernazza mit seiner wunderschönen Stadtlandschaft

ℹ️ Praktische Hinweise

Information
APT, Via Fegina, Monterosso al Mare, Tel. 01 87 81 75 06, Fax 01 87 81 78 25, www.aptcinqueterre.sp.it

Hotel
******Porto Roca**, Monterosso al Mare, Tel. 01 87 81 75 02, Fax 01 87 81 76 92, www.portoroca.it. Exklusives Hotel am Ortsrand mit eigenem Park.

Nobelpreis für Lebensangst

Den Kaffeehäusern und Buchständen, wie er sie aus seiner Heimatstadt Genua kannte, ist **Eugenio Montale** (1896–1981) zeitlebens treu geblieben. Der aus großbürgerlichen Verhältnissen Stammende schwankte lange zwischen Gesang und Literatur. 1925 veröffentlichte er seinen ersten Band **Ossi di seppia**, auf »schmucklose Wesentlichkeit« reduzierte, titellose **Lyrik**. Doch trotz aller Herbheit bricht in den Texten immer wieder die Metaphorik des endlosen **Meeres**, an dem Montale seine Knabentage verbrachte, durch: abstrakte und doch sehr ligurische Poesie. Er wäre, wie er einmal sagte, gern ein harter, willenloser Kieselstein gewesen, gerollt vom Schöpfergott des Meeres.

Nach dem ersten Band folgten fruchtbare Jahre in Florenz und intensiver Austausch mit Malerfreunden wie Filippo de Pisis und Renato Guttuso. Der von ihm begründeten Tradition des **Ermetismo** blieb Montale auch in seiner Mailänder Periode treu (ab 1948 Arbeit beim ›Corriere della Sera‹).

Im Mittelpunkt seiner spröden Gedichte steht die existenzielle Hoffnungslosigkeit des Menschen. Literatur erscheint nicht sinnstiftend, sondern eher als Zustandsbeschreibung und Untergliederung des Lebens und der Zeit. Damit wurde er neben **Giuseppe Ungaretti** und **Salvatore Quasimodo** zum führenden Dichter der italienischen Moderne. 1975 erhielt Eugenio Montale für Anthologien wie **Finisterre** (1943) und **Satura** (1971) den Nobelpreis für Literatur.

Restaurant
Da Peo, Via XX Settembre 34, Monterosso al Mare, Tel. 01 87 81 83 84. Das urigste Fischlokal am Platz, in einer ehem. Anchovispökelei, bietet u. a. Fischsuppen und gefüllte Miesmuscheln (Mi geschl.).

14 Vernazza *Plan Seite 58*

Echt und edel.

Die malerisch gestalteten Trattoria-Schilder weisen darauf hin: Vernazza, dessen intaktes Erscheinungsbild nicht von der am oberen Ortsende trassierten Eisenbahn beeinträchtigt wird, ist der stimmungsvollste und schickste Ort der Cinque Terre. Trotzdem ist er nicht zur touristischen Kulisse reduziert, sondern verfügt über viele einheimische Läden auf dem ›Hauptkorso‹ **Via Roma**, auf dem außerdem morgens Käse- und Fischverkäufer an improvisierten Ständen Waren für die 800 Einwohner anbieten. Wie in Riomaggiore läuft man hier auf einem überbauten Wildbach, dem *Vernazzola*. Kurz vor dem Hafen schwappt links das Meer durch ein Felsenloch. Anschließend

14 Vernazza

gelangt man zur **Piazza** mit den abblätternden, von der Meeresbrise verwaschenen Fassaden – direkt am *Porticciolo*, dem kleinen Hafen mit seinen bunten Booten, feinen Fischlokalen, American Bars. Hier entfaltet sich auch das Nachtleben. Rechts am Meer steht die Pfarrkirche **Santa Margherita d'Antiochia**, eine typi-

Kann Genießen Sünde sein? – Gemütliches Straßencafé im Herzen von Vernazza

Vernazza

sche ligurische Seekirche des 13. Jh. mit mächtigem Kirchturm. An dem ungewöhnlichen Grundriss lässt sich die Unregelmäßigkeit des Baugrunds ablesen. Im feierlich dunklen Inneren hängt ein Holzkreuz von Antonio Maria Maragliano.

Im Sommer ist auch das genuesische **Kastell** vis-à-vis zu betreten. Zu seinen Füßen breiten sich die Markisen der Fischrestaurants aus. Die meisten Besucher kommen für einen Tag – zum Essen und Schauen. Vernazza besitzt nur wenige Unterkunftsmöglichkeiten.

Nach ca. 1 Std. Aufstieg erreicht man, vorbei am kleinen Friedhof, die Wallfahrtskirche **Nostra Signora di Reggio** (13. Jh.), die einsam in einem Wäldchen liegt. Der Weg nach Corniglia hingegen dauert 1,5 Std.

aus weißem Carrara-Marmor eingelassen, der Innenraum hingegen wurde völlig barockisiert. Unterhalb wird ein Gebäude mit gotischen Spitzbögen aus schwarzem Stein als alte **Poststation** der Fieschi, der einstigen Lehensherren der fünf Orte, bezeichnet. Der eigentliche **Ortskern**, eng, zusammengedrängt und eher grau – anstatt bunt gestrichen –, gewinnt durch kleine Lädchen und faszinierende Ausblicke.

Durch einen ca. 1 km langen Tunnel kann man zum Nudistenstrand *Guvano*, der von der Fama nächtlicher Strandfeste umwittert wird, absteigen.

Die Wallfahrtskirche **San Bernardino** (1 Std. Fußweg, oberhalb des Ortes) enthält lebensechte Votivbilder von Seeleuten.

ℹ Praktische Hinweise

Hotels

*****Pensione Sorriso**, Via Gavino 4, Vernazza, Tel. 0187812224, Fax 0187821198. Meist ruhige Pension oberhalb der Bahn.

 Gianni Franzi, Piazza Marconi 5, Vernazza, Tel. 0187821003, Fax 0187812228, www.giannifranzi.it. Vom Bühnenbildner Aldo Trionfo designte edelschlichte Künstlerpension am abends lauten Hafen.

Restaurant

Il Baretto, Via Roma 31, Vernazza, Tel. 0187812381. Erschwinglicher Fisch vom Feinsten, schwarze Tintenfisch-Tagliatelle mit Krebsfleisch, frittierte Glasaale (*bianchetti*), Honiggrappa aus eigener Herstellung (Mo geschl.).

15 Corniglia   Plan Seite 58

Bergdorf mit faszinierendem Panorama und Privatzimmern für Nudisten.

Corniglia ist die große Ausnahme unter den Siedlungen der Region, denn es liegt auf einem 190 m hohen Bergsporn und ist auch vom Bahnhof nur nach einem langen, steilen Treppenanstieg zu erreichen. In dem urig gebliebenen Ort gibt es besonders viele Privatzimmer und gute Ausflugslokale – sicherlich die unkomplizierteste und zünftigste Wohnadresse in den Cinque Terre.

Am Ortseingang befindet sich die gotische Pfarrkirche **San Pietro** (14. Jh.). In ihre Streifen-Fassade ist eine Fensterrose

ℹ Praktische Hinweise

Hotels

Da Beppe, Via Serra 2, Vernazza, Tel. 0187821163. B & B mit 2 Zimmern.

Schwindelfrei – die Via dell'Amore ist zwar gut gesichert, aber dennoch atemberaubend

Vittoria Guelfi, Via Fieschi 95, Vernazza, Tel. 01 87 81 23 38. Einfache Zimmer und kleine Apartments.

Restaurants
A Cantina de Mananan, Via Fieschi 117, Vernazza, Tel. 01 87 82 11 66. Fisch und Fleisch, Käse und Wein in knorriger *Osteria* (Di geschl.).

Lecio, Via Lardarina, Vernazza. Restaurant mit Aussichtsterrasse zum Träumen, am Ortsrand.

16 Manarola Plan Seite 58

 Wohnungsbau auf engstem Raum und romantische Wanderwege.

Via dell'Amore – Volastra – Groppo

Der winzige, kubistisch verschachtelte Fischerort mit 750 Einwohnern besitzt keinen geschützten Hafen, sodass die meisten Boote nachts an Land gezogen werden müssen. Oberhalb einer Rampe drängt sich ein Restaurant auf die Betonterrasse, dahinter öffnet sich eine enge Straßenschlucht. Für eine richtige Piazza fehlt es an Raum. Der Reiz des Aufenthalts besteht darin, die schmalen *Treppenwege* zwischen den an beiden Seiten emporgestapelten Häusern zu erkunden. Im oberen Ortsteil, in Bahnhofsnähe, wird die Kirche **San Lorenzo** von einem zum Campanile umfunktionierten Wachturm flankiert. In der Fassade (1338) prangt eine filigrane Fensterrose aus Carraramarmor. Zwei feierliche Flügelaltäre des 15. Jh. schmücken den Innenraum.

Von Manarola führt die berühmte **Via dell'Amore** – ein bequemer und meist überfüllter Spazierweg, der 1930 teils in den Fels gehauen, teils auf Stützen verlegt wurde – in ca. 15 Min. nach Riomaggiore. Die wenigen Sitzbänke zwischen Agaven und Klebsamen-Bäumchen sind meist sehr begehrt. Nach einem Felsrutsch 1993 wurde kurz vor Riomaggiore ein Betontunnel angelegt und von modernen Künstlern mit naiven Cinque-Terre-Impressionen ausgemalt.

Eine weitere herrliche Panoramawanderung (1 Std.) führt in das Weinbauerndorf **Volastra** (334 m). Eindrucksvoll ist der Blick auf das tief unten – knapp über dem Meer – an den Felsen klebende Manarola. Oberhalb des Ortsrands von Volastra lädt der Vorplatz der Pilgerkirche **Nostra Signora della Salute** (12. Jh.) ein,

Wie eine Krone auf grünem Samt: Manarola hinter Rebterrassen

sich von den Strapazen des Aufstiegs zu erholen und die romanische Fassade zu studieren.

Die umliegenden Hänge bilden die wichtigsten Lagen für den guten weißen Cinque-Terre-Wein. In **Groppo**, etwas ostwärts, kann man sich direkt in der Kantine der Kooperative mit den edlen langhalsigen Flaschen eindecken.

Praktische Hinweise

Hotel
*****Marina Piccola**, Via Birolli 120, Manarola, Tel. 01 87 92 01 03, Fax 01 87 92 09 66, www.hotelmarinapiccola.com. Ordentlicher *Albergo* und schönstes Fischrestaurant direkt an der Hafenterrasse.

Pittoresk! Farbenfrohes Palazzi-Puzzle mit Bootsparkplatz in Riomaggiore

17 Riomaggiore *Plan Seite 58*

Maler und Massen.

Der größte der fünf Orte der Cinque Terre ist in die Schlucht eines später überbauten Bergbachs gezwängt, der somit zur Hauptstraße wurde. Die Vergangenheit: Flüchtige Griechen, die die bilderstürmerische Linie der byzantinischen Kaiser ablehnten, sollen sich hier im 8. Jh. eingenistet haben. Die Gegenwart: Seit 1992 wird die Idylle nicht nur durch Scharen von Wanderern, sondern durch ein Betonparkhaus mit 1000 Plätzen am oberen Ortsrand gestört.

Die Marina mit kleinem malerischen *Hafen* ist durch die Eisenbahnlinie (die Station Riomaggiore ist durch den Tunnel zu erreichen!), deren Lärmschutzwände mit naiven Ortsansichten bemalt sind, vom lang gezogenen **Ortskern** getrennt. Dieser steigt zu beiden Seiten des zum Fußgängerkorso ausgebauten einstigen Bachbetts an. Links oben am Ende erreicht man die gotische Kirche **San Giovanni Battista**, die 1871 neugotisch ›verschönert‹ wurde, wobei man die alte Fensterrose konservierte. Im Inneren ist u. a. ein Holzkruzifix von Antonio Maria Maragliano zu sehen. Das in Tempera auf Holz gemalte Dreitafelbild ›Madonna mit den hll. Sebastian und Rochus‹ (15. Jh.) lädt zu religiöser Andacht ein. Ein weiterer Flügelaltar des 15. Jh. ist im nahen **Oratorio dei Disciplinati** aufgestellt. In der Nähe wohnte der ›Entdecker der Cinque Terre‹, der Florentiner Maler **Telemaco Signorini** (1835–1901). Als prominentes Mitglied der *Macchiaioli* (Fleckenmaler, ital. Impressionisten), schätzte er besonders soziale Themen wie das karge Leben der Fischer. Fast im Stile des sozialistischen Realismus ist hingegen die Fassade des *Rathauses* mit moderner Monumental-Malerei, ein junges Winzerpaar darstellend, geschmückt.

Auch von Riomaggiore aus lässt sich eine Bergkirche erreichen. An der **Madonna di Montenero** (19. Jh.) vorbei – auf dem gleichnamigen Berg (340 m) gelegen – führt eine weitere traumhafte **Wanderung** für Geübte in 5 Std. über Campiglia nach Portovenere.

ℹ Praktische Hinweise

Café und Restaurant

Gelateria Centrale Germani e Giaccio, Via Colombo 138 und Via S. Giacomo (Hafen), Riomaggiore. Pistazieneis mit Cinque-Terre-Süßwein.

La Lanterna, Riomaggiore, Tel. 01 87 92 05 89. Solide Fischgerichte in Gesellschaft der Hafenkatzen.

18 Portovenere

Finale der Cinque Terre – wunderschöne Kulisse für Schöne und Schicke.

Isola Palmaria – Isola del Tino

In – oder besser vor Portovenere – spielt sich jedes Wochenende eine sonderbare Prozession ab. Natürlich zieht es viele Ligurer und Besucher in den ›Hafen der Venus‹. Hier kann man vor der bunten Kulisse schmalster windschiefer **Fischerhäuser** (die berühmte *Palazzata*) in einer Strand-Trattoria ein ausgiebiges Fischessen im Freundes- oder Familienkreis zelebrieren und den Schönheiten der Saison nachsehen, die vor Segelschiffen und der Insel Palmaria promenieren. Und dann lockt noch der Spaziergang zur einsamen Uferkirche *San Pietro* über wild getürmten Felsbastionen und Salzwogen gelegen, fast ein raues Stückchen Irland oder Normandie an südlicher Küste. Aber die Götter haben vor diesen durchaus vernünftigen Freizeitplan ein schweres Hindernis gelegt: den eklatanten, terrainbedingten **Parkplatzmangel** auf der engen Stichstraße nach Portovenere. Und so parkt man denn das Auto entlang der Einfallstraße oft schon Kilometer vor dem Traumziel, um sich dann in Stöckelschuhen und dunklen Sonntagsanzügen durch den Verkehr zu bugsieren. Das ist die berühmte *Prozession von Portovenere*. Wer keinen Sinn für ihre öffentliche Poesie hat, kann den **Linienbus** von La Spezia (Via Garibaldi ca. alle 15 Min., auch am Wochenende) nehmen, kernig von Riomaggiore in 5 Std. herüberwandern, oder das Boot bevorzugen (in der Saison regelmäßige Schiffsverbindung von den Cinque Terre, Lerici usw.).

Geschichte *Portus Veneris* ist bereits in Wegkarten der römischen Kaiserzeit verzeichnet. Später schätzten byzantinische

Bellissima – moderne Seefahrer bei der Entdeckung von Portovenere, dem ›Hafen der Venus‹

Vertikales Wohnen – die erstaunlich schlanken Fischerhäuser von Portovenere

Mönche die schroffen Felsen und die vorgelagerten Inseln Palmaria und Tino für ihre Einsiedeleien. Ab 1113 wurde das Dorf von Genua als Grenzfestung gegen Pisa ausgebaut. Ende des 15. Jh., nach einer Belagerung durch die aragonesische Flotte, erlosch die politische Bedeutung des Fischerstädtchens. Heute ist Portovenere einer der mondänsten Badeorte Italiens.

Besichtigung Recht schnell durchspaziert ist die Hauptstraße von Portovenere, die mittelalterliche schattige **Via Capellini**. An ihrem Ende bietet sich ein unvergleichliches Bild: Die uralte Küstenkirche **San Pietro**, nach genuesischer Sitte schwarz-weiß gebändert, erhebt sich an einer langen Rampe über schroffen Blöcken schwärzlichen Marmors. Auf den Resten eines Tempels wurde zunächst im 6. Jh. eine kleine Kapelle aus schwarzem Palmaria-Marmor errichtet, deren Apsis man auf der rechten Seite noch sieht. Sie wurde dann im 13. Jh. in den gotischen Neubau integriert. Auch im unregelmäßigen, feierlich dunklen *Innenraum* sind die zwei Bauphasen zu unterscheiden: gleich rechts die halbkreisförmige Apsis und der Marmorfußboden des frühchristlichen Baus. Neben San Pietro gewährt die ›Loggia der Verliebten‹ einen weiten Blick auf die Cinque Terre. Davor liegt die **Grotta Byron**, die der vom Schwimmsport begeisterte Dichter Lord Byron Anfang des 19. Jh. häufiger aufsuchte. Die *Coppa Byron*, ein

Wettschwimmen nach Lerici, erinnert jedes Jahr im August an den prominenten Badegast.

In der Oberstadt von Portovenere sollte man einen Besuch von **San Lorenzo** nicht versäumen. Die 1116 begonnene Pfarrkirche wurde nach Brand- und Kriegsschäden während der Renaissance unter Verwendung älterer Teile umgebaut. Über dem *Hauptportal* sieht man das gotische Relief des Titelheiligen Laurentius mit seinem Attribut, dem Rost, auf dem er sein Martyrium erlitt. Der *Innenraum* enthält zahlreiche Gemälde, darunter die auf Pergament gemalte ›Madonna Bianca‹ (rechte Apsiskapelle). In der Sakristei werden syrische Elfenbeinkästchen des 11. Jh. verwahrt, die wohl durch die Kreuzzüge nach Portovenere gekommen sind.

Festungsbautechnik einschließlich Panorama bis zum schneebedeckten emilianisch-toskanischen Apennin offeriert schließlich ein Besuch des 1162 errichteten, 1453 zerstörten und im 16./17. Jh. zur heute bestehenden Anlage ausgebauten **Castello** (April–Okt. tgl. 10–12 und 14–18 Uhr, Nov.– März So 14–17 Uhr).

Anschließend bietet sich eine Bootsfahrt zur **Isola Palmaria** an, die reiche Macchia-Vegetation, beliebte Strände, Wanderwege und eine *Grotta Azzurra* vorzuweisen hat.

Nicht weit davon liegt die **Isola del Tino**, auf deren 99 m hoher Spitze ein Leuchtturm steht. Die Insel mit der Abteiruine San Venerio (11. Jh.) lässt sich nur am 13. September (bzw. dem folgenden Sonntag) zum Festtag des namengebenden Heiligen besichtigen. Auch auf der winzigen **Isola del Tinetto** sind Reste eines frühchristlichen Klosters erhalten, das im 11. Jh. von Sarazenen zerstört wurde (die Insel ist jedoch nicht zugänglich). Im Bereich der Inselgruppe fallen Muschelzuchtbänke auf.

🛈 Praktische Hinweise

Information
IAT, Piazza Bastreri 7, Portovenere, Tel. 01 87 79 06 91, Fax 01 87 79 02 15, www.portovenere.it

Hotels
******Grand Hotel**, Via Garibaldi 5, Portovenere, Tel. 01 87 79 26 10, Fax 01 87 79 06 61, www.rphotels.com. Erstes Haus am Platz, direkt am Ortseingang gelegen.

**Genio, Piazza Bastreri 8, Portovenere, Tel. und Fax 01 87 79 06 11. Hotel mit 8 Zimmern und Eingang im Wachtturm.

Locanda Lorena, Isola Palmaria, Terizzo, Tel. 01 87 79 23 70, www.locandalorena.it. Lange im Voraus ausgebuchte günstige Strandpension (geöff. März–Okt.).

Restaurants
L'Antica Osteria del Carrugio, Via Capellini 66, Portovenere, Tel. 01 87 79 06 17. Von Poeten geschätzte Weinkneipe von 1890 mit guter *Mesciua* (Bohnen-Graupen-Kichererbsensuppe) und Cinque-Terre-Weinen (Do geschl.).

La Pizzaccia, Via Capellini 94, Portovenere, Tel. 01 87 79 27 22. Fastfood vom Feinsten, Pizza aus Edelpfännchen, 4 Sitzplätze (Do geschl.).

Trattoria Iseo, Calata Doria 9, Portovenere, Tel. 01 87 79 06 10. Die begehrteste Fischadresse an der *Palazzata*. Leicht gestyltes Interieur, große Terrasse (Do geschl.).

Welche Eleganz – die schwarze Kirchenburg von San Pietro in Portovenere

19 La Spezia

Zweitgrößte Stadt Liguriens mit bedeutendem Marine- und Handelshafen.

La Spezia, seit 1861 Kriegshafen und Waffenschmiede Italiens, bietet sich durchaus für einen Abstecher vom touristischen Badeleben an. Die von hohen Apenningipfeln überragte Provinzhauptstadt (91 000 Einw.) am gleichnamigen Golf besitzt ansprechende *Einkaufsstraßen* des 19. Jh., ein interessantes archäologisches Museum und das Marinearsenal, dessen Sammlungen einen Schlüssel zum Verständnis der Seefahrerregion Ligurien darstellen.

Geschichte Trotz der geschützten geostrategischen Position blieb das im 13. Jh. von den **Fieschi** befestigte La Spezia bis ins 19. Jh. hinein eine Kleinstadt. 1371 erhob es Genua neben Porto Maurizio (Imperia) und Chiavari zu einer seiner drei Vikariatsstädte. Wegen seiner strategisch günstigen Lage entwickelte La Spezia sich zur Hauptstadt der östlichen Levante. Der ganz große Boom aber setzte erst 1861 ein, als es auf Betreiben des italienischen Ministerpräsidenten Cavour anstelle Genuas zum italienischen **Kriegshafen** ausgebaut wurde. Die gleiche Idee hatte schon Napoleon, der 1797 die Bedeutung des Fischerorts erkannte. Verbunden mit dem Aufbau des Militärstützpunktes war die Errichtung des Marinearsenals (noch heute sind dort ca. 6000 Menschen beschäftigt) und das Entstehen einer **Waffen-** und **Werftindustrie**. Gerade wegen der militärischen und industriellen Bedeutung wurde die Stadt im Zweiten Weltkrieg Ziel alliierter Luftangriffe. Heute ist die veraltete, schwerfällige Industrie ein Problempunkt La Spezias.

Besichtigung Einen Akzent im überwiegend modernen Stadtbild stellt die kreisrunde **Cattedrale Cristo Re** dar, die 1956–76 von dem Trentiner Adalberto Libera an der Piazza Europa errichtet wurde (gute Parkmöglichkeiten). Von hier wandert man auf der *Via Vittorio Veneto*, einer bürgerlichen Prachtstraße, zur *Piazza Verdi* mit Verwaltungsgebäuden aus den 1930er-Jahren. Geradeaus führen die Arkaden der Via Domenico Chiodo direkt auf das Hauptwerk dieses Genueser Militärarchitekten zu, das 1869 eingeweihte **Arsenale** (Tag der Offenen Tür am Sonntag um den Josephstag 19. März). Das nach der Zerstörung im Zweiten Weltkrieg wieder aufgerichtete *Portal* mit dem Wappen der italienischen Kriegsmarine darf

19 La Spezia

Für den Frieden auf See – La Spezia ist seit dem 19. Jh. einer der bedeutendsten Marinestützpunkte Italiens

Kolonnaden im Zentrum von La Spezia

aus Sicherheitsgründen nicht fotografiert werden. Als Trost bleibt links davon das **Museo Tecnico Navale** (Mo–Sa 8–18.45, So 8–13 Uhr), dessen Eintrittsgelder für Waisenkinder von Seeleuten bestimmt sind. Den Schwerpunkt der Sammlung bildet die italienische Marinegeschichte der zwei Weltkriege, außerdem sind auch gut erhaltene Galionsfiguren, historische Schiffsmodelle und Taucherglocken zu bewundern.

Von der Via Chiodo geht der **Corso Cavour** ab, Hauptachse des 19. Jh. mit eleganten Geschäften. An der Piazza Beverini fällt die nach Kriegsschäden modern reduzierte Streifenfassade der ehem. Kathedrale **S. Maria Assunta** auf. Auch der fünfschiffige Innenraum aus dem 15. Jh. ist zu Beginn des 20. Jh. stark überarbeitet worden und steht in Kontrast zu den Barockaltären. Bedeutendstes Werk ist eine großformatige farbige Renaissance-Terrakotta des Florentiners *Andrea della Robbia* ›Marienkrönung mit Heiligen‹ im äußersten linken Schiff.

Rechts der Kirche kann man durch das von Bombardements verschonte *Prione-Viertel* auf Treppenwegen zum **Castello San Giorgio** hinaufsteigen (Panoramablick). Die einstige Fieschi-Festung des 13. Jh. wurde von den Genuesen 1371 und im oberen Bereich nach 1605 ausgebaut.

La Spezia

Stele eines Mannes mit Schwert

Die Menschensteine von Lunigiana

Für fast alle Kulturen lassen sich seit der **Jungsteinzeit** Formen des Steinkultes nachweisen: Die Kette reicht von runden Steinsetzungen wie dem Cairn von Stonehenge bis zu den bretonischen Menhiren und den altorientalischen Bethylen. In der **Bronzezeit** wurden einige dieser Steinmäler behutsam mit abstrahiert-menschlichen Zügen ausgestattet, ohne den blockhaften Stelencharakter anzutasten. Oft erweckt lediglich eine geometrische, stegförmige Nase zwischen augenartigen Bögen Assoziationen an ein menschliches Antlitz. Augen und Ohren sind auf simple Kreisformen beschränkt, spindeldürre Ärmchen erscheinen im Flachrelief. Brüste und eingeritzte Waffen bezeichnen das jeweilige Geschlecht der Dargestellten.

Über die Bedeutung der rund 50 Statuen, die in der **Lunigiana** gefunden wurden, gibt es verschiedene Theorien. Die Stelen werden gedeutet als abstrakte **Kultbilder** von Göttern, **Ahnenstatuen** oder **Grenzsteine** mit astrologischer Ausrichtung, worauf die Kopfform einiger Stelen hinzuweisen scheint. Eines steht jedenfalls fest: Es handelt sich um die ersten europäischen **Menschenbilder**. Sie entstanden ungefähr zeitgleich mit den ägyptischen Pharaonenbildnissen und wirkten bis auf die keltische Hallstattkultur. In der ligurischen Volkskunst lebten die Stelen sogar bis ins Mittelalter fort.

Lohnend ist der Besuch des **Museo Civico Ubaldo Formentini** (Di–Sa 8–13, 14–19, So 8–13 Uhr), das in der vom Corso Cavour abzweigenden Via Curtatone liegt. Gut präsentiert ist die Abteilung mit den **Lunigiana-Stelen**. Daneben gibt es mehrere Säle mit interessanten Funden aus dem römischen Luni und eine ethnographische Sektion. Hier erfährt man z. B., dass das Wort *Jeans* von den *Zeneixi (Genovesi)*, den blau gefärbten ligurischen Drillichhosen der Fischer herrührt, die Auswanderer nach Amerika brachten.

Stolz ist La Spezia auch auf das 2004 wenig südlich des Corso Cavour eröffnete **CAMeC – Centro di Arte Moderna e Contemporanea** (Piazza Cesare Battisti 1, Di–Sa 10–13 und 15–19, So 11–19 Uhr), das in einem ehem. Gerichtsgebäude des 20. Jh. auf vier Stockwerken sehr interessante Werke zeitgenössischer Kunst präsentiert.

Ein weiterer Anziehungspunkt für Kunstliebhaber ist das **Museo Amedeo Lia** (Di–So 10–18 Uhr), das in einem restaurierten Konvent bedeutende italienische Gemälde des Mittelalters und der Renaissance ausstellt.

Weiter nördlich am Corso Cavour öffnet sich schließlich die **Piazza Brin** mit Park, Kirche Nostra Signora della Scorza (1900) und großbürgerlichen Wohnhäu-

Art déco mit Reminiszenzen an mittelalterliche Festungsbauten in La Spezia

Geduldsspiele fördern die Gemütlichkeit – fleißige Fischerfamilie in Lerici

sern im Stile des ›Umbertinismo‹, der Gründerzeit. Dahinter erstreckt sich das **Quartiere Umberto I**, eine 1885–89 angelegte Werkssiedlung für die Arsenalarbeiter, die sich an Vorbildern wie der Kruppsiedlung in Essen orientierte.

Praktische Hinweise

Information
IAT, Viale Mazzini 45–47, La Spezia, Tel. 01 87 25 43 11, Fax 01 87 77 09 08, www.laspezia.net

Hotel
***Firenze e Continentale**, Via Paleocapa 7, La Spezia, Tel. 01 87 71 32 10, Fax 01 87 71 49 30, www.hotelfirenzecontinentale.it. Hotel mittlerer Preislage in historischem Gebäude mit renovierten Räumen.

Restaurant
Ristorante Sevieri, Via F.lli Roselli 58, La Spezia, Tel. 01 87 73 35 70. Seit 1898 bestehendes elegantes Traditions-Speisehaus im Zentrum mit günstigen Mittagsangeboten (Mo geschl.).

20 Lerici

Die Landschaft am ›Golf der Dichter‹ inspiriert noch heute die Reisenden.

San Terenzo – Fiascherino – Tellaro – Montemarcello

»Der zauberischsten Musik (des Meeres) lauschend«, verbrachte der englische Lyriker **Percy Bysshe Shelley** die letzten Wochen seines Lebens in einer weißen Strandvilla in **San Terenzo**, dem nördlichen Vorort von Lerici. Im Juli 1822 geriet der passionierte Segler bei der Rückfahrt von Livorno in einen Sturm und ertrank. Sein Freund **Lord Byron** ließ den Leichnam nach antiker Sitte am Strand verbrennen. Doch schon längst ist die Bucht nicht mehr nur Wallfahrtsort romantischer Engländer, wenn auch der Name **Golfo dei Poeti** an die literarischen Pioniere des Tourismus erinnert. Die hübsche Altstadt von Lerici und der Sandstrand von San Terenzo haben diese Gegend zu einem der beliebtesten *Ausflugsorte* gemacht (am Wochenende eingeschränkter Autoverkehr).

Lerici wird überragt vom dem pisanisch-genuesischen **Castello**. Hier kann man im topmodernen **Museo Geopaleontologico** (Mitte März–Juni, Sept.–Mitte Okt. Di–So 10.30–13, 14.30–18 Uhr, Juli/Aug. Di–So 10.30–12.30, 18.30–24 Uhr, www.castellodilerici.it) Saurierroboter, Zukunftsszenarien und Erdbebensimulationen erleben.

In **San Terenzo** mit Sandstrand, kleiner Pineta und Burg steht am Ufer die weiße **Villa Magni**, in der Shelley wohnte. Auf Marmortafeln sind Verse des Romantikers zu lesen. Südlich von Lerici führen schmale Straßen nach **Fiascherino** und dem winzigen Fischerdorf **Tellaro**, das eine intakte Marina bewahrt. Blickfang ist die mit den Apsiden zum Meer ausgerichtete Kirche am Hafen. Besonders stimmungsvoll ist die *Weihnachtsnacht*, wenn vor der Ku-

Sand für alle, Schirme für die Schnellsten – die hübsche Spiaggia von Lerici

lisse der kerzenerleuchteten Fischerhäuser im Hafenbecken nach einer Christusstatue getaucht wird. Auch in Tellaro wird das Andenken an einen englischen Dichter zumindest durch einen Straßennamen bewahrt. *D. H. Lawrence*, den seine deutsche Frau ›Lorenzo‹ nannte, lebte hier.

Das Küstengebirge des Naturparks **Montemarcello** ist mit Wanderwegen und einer Fahrstraße erschlossen. Auch wenn rücksichtslose Picknicker ihre Spuren hinterlassen haben: Es gibt lohnende Abstiege zu meist einsamen Badebuchten, z. B. **Spiaggia di Punta Corvo**. Eventuell kann man auch einen Abstecher in das pittoreske Städtchen **Ameglia** über der Magra-Mündung einplanen.

Praktische Hinweise

Information
IAT, Via Biaggini 6, Lerici, Tel. 01 87 96 73 46, www.comune.lerici.sp.it

Hotel
****Miramare**, Fiascherino-Tellaro, Tel. 01 87 96 75 89, Fax 01 87 96 65 34, www.pensionemiramare.it. Ruhige Unterkunft mit Meerblick.

Restaurant
La Marina di Tellaro, Tellaro, Tel. 01 87 96 47 13. Frischer Fisch im Fischerhaus, gute Muschelsuppe und mit Wolfsbarsch gefüllte Branzino-Ravioli (Di geschl.).

21 Sarzana

Toskanisch geprägtes Zentrum der Lunigiana.

In Sarzana, dem ruhigen mittelalterlichen Bischofsstädtchen mit den geraden Straßen und den mächtigen Festungsanlagen, spürt man schon den Einfluss der Toskana. Die historische Landschaft der *Lunigiana*, deren Hauptort Sarzana ist, erstreckt sich weit nördlich ins toskanische Magra-Tal. Zum toskanischen Flair tragen auch die typischen Baumaterialien bei: *Pietra serena* (ein graubrauner Sandstein) für Fensterrahmungen und Pilaster sowie weißer Carrara-Marmor aus den wenige Kilometer entfernten Steinbrüchen.

Geschichte Das Dorf Sarzana gewann 1204 an Bedeutung, als Papst Innozenz III. den *Bischofssitz* aus dem versumpfenden Luni hierher verlegte. An der strategisch wichtigen Grenze zwischen rivalisierenden Stadtstaaten gelegen, wechselte Sarzana oft die Herrschaft. Auf die Dominanz der Seerepublik **Pisa** folgte 1314–28 die Oberhoheit Castruccio Castracanis, des mächtigen Signore von **Lucca**. Im 14. und 15. Jh. blieb es heiß umkämpft zwischen Mailändern, Florentinern und Genuesen, zu deren Territorium es 1562 endgültig geschlagen wurde – und deshalb ist es noch heute eine ligurische Stadt.

Sarzana rühmt sich auch, Heimat des ersten Renaissance-Papstes zu sein. Der bescheidene Tommaso Parentucelli, Sohn eines Chirurgen, begann als Nikolaus V. (1447–55) mit der Generalsanierung des altersschwachen Petersdoms.

Besichtigung Im Zentrum, am Viale Mazzini genannten Corso, strahlt die weiße Marmorfassade der Kathedrale **S. Maria Assunta** (1204–1474) mit einer gotischen Fensterrose und einem Portalmosaik aus dem 19. Jh. Ihr Giebel wird von den Statuen der Päpste Sergius IV. und Nikolaus V. (nach dem die Dom-Piazza benannt wurde) sowie des Märtyrers Eutychius überragt. Rechts erhebt sich über der barocken Anstückelung der romanische *Campanile* (13. Jh.) mit zierlichen Bogenfenstern.

Der frisch renovierte dreischiffige spätgotische **Innenraum** mit barocker Holzdecke wird von weit gespannten Arkaden getragen. Die linke Apsiskapelle kann mit einem Superlativ der italienischen Kunstgeschichte aufwarten: Der gemalte **Kruzifixus**, der mit der Jahreszahl 1138 und dem Namen *Wiligelmus* gezeichnet ist, gilt als das älteste signierte Bild Italiens und als das älteste Tafelkreuz der Welt! Die triumphierende Haltung des Gekreuzigten und der biblische Zyklus, der den ikonenartig erweiterten Kreuzschaft schmückt, lassen den sonst unbekannten Wiligelmus als einen der Begründer des lucchesischen Malstils erkennen.

Ebenfalls aus der toskanischen Kunstlandschaft kommen die Bildhauer *Leonardo* und *Francesco Riccomanni* (beide aus Pietrasanta bei Lucca), die für den Dom zwei große **Marmorretabeln** schufen: Während die ›Marienkrönung‹ im linken Querschiff noch spätgotische Formensprache verwendet, klingt in der visà-vis im rechten Querschiff aufgestellten ›Reinigung Mariens‹ (1463) bereits der Einfluss Donatellos und damit der Frührenaissance an. Ein einheimischer Künstler ist Domenico Fiasella, gen. **Il Sarzana** (1589–1669), der die Bilder der Heilig-Blut-Kapelle rechts vom Hauptchor schuf. Beachtung verdient schließlich die ›Verkündigung mit Heiligen‹ (1722) des Bolognesers *Giuseppe Maria Crespi* (1665–1747) in der 3. Kapelle links.

Auf dem Viale Mazzini passiert man links den Bischofspalast, dessen Wappen den Titel ›Bischof von Luni und Sarzana‹ trägt, und rechts **S. Andrea**, die romanische Taufkirche Sarzanas. Im barockisierten Innenraum führt eine Treppe hinab zu den Resten einer mittelalterlichen Glockengießerwerkstatt. Etwas weiter auf dem Corso steht der **Wohnturm der Bonaparte**, der Ahnen Napoleon Bonapartes, die 1529 nach Korsika auswanderten.

Die begrünte **Piazza Matteotti** wird von Palazzi mit mittelalterlichen Laubengängen gerahmt. Links dominiert der **Palazzo Comunale** (1547–54), in dessen kaskadengeschmücktem *Renaissance-Innenhof* ein Lapidarium Skulpturfunde von der Antike (Luni) bis zum Barock zeigt. An der *Fassade* erinnern Gedenktafeln an den Widerstand, den 1921 die Sarzanesen Mussolinis berüchtigten Schlägertruppen, den *Squadre*, kurz vor der faschistischen Machtergreifung leisteten.

Wer geradeaus weiter auf der Via Bertolini zur *Porta Parma* spaziert, erlebt beim Blick auf die Mauern ein ländliches Idyll: Der Stadtgraben bei dem Tor wurde in einen originellen Freilufthühnerstall verwandelt.

Martialischer wirkt hingegen die **Cittadella Firmafede**, die man von der klassizistischen *Porta Romana* am entgegen-

21 Sarzana

gesetzten Ende der Fortifikationen aus erreicht. Lorenzo II Magnifico, der große Medici-Patron von Florenz, ließ 1488 die zerstörte pisanische Burg durch die florentinischen Baumeister *Il Francione* und seinen berühmten Schüler **Giuliano da Sangallo** (1445–1516) nach modernsten Erkenntnissen der Renaissance-Militärarchitektur neu errichten.

Lohnend ist ein kurzer Spaziergang zur nördlich außerhalb der Stadtmauer gelegenen Kirche **San Francesco**. Hier findet man in den Querhäusern die gotischen Wandgräber von Guarnerio degli Antelminelli, dem Sohn Castruccio Castracanis (1328, links) und des Bischofs Barnabò Malaspina (1338–42, rechts). Auch deutsche Landsknechte im Dienste Genuas fanden hier ihre letzte Ruhe – das Tabernakel links vom Hauptportal trägt eine süddeutsche Inschrift (16. Jh.).

Die ›Bilderbuchfestung‹ **Castello Sarzanello** mit ihren mächtigen runden Ecktürmen und begehbaren Wehrmauern liegt nördlich auf einem Hügel außerhalb des Ortes (15 Min. zu Fuß). Sie wurde vom Architektenteam der Cittadella im 15. Jh. erbaut und dient heute kulturellen Aktivitäten.

Nur nicht am Basilikum sparen – Pesto vom Fachmann zubereitet

Praktische Hinweise

Information
IAT, Piazza San Giorgio, Sarzana, Tel. 01 87 62 04 19, www.sarzana.org

Hotel
**La Villetta, Via Sobborgo Emiliano 24, Sarzana, Tel. 01 87 62 01 95. Kleines, modernisiertes und zentral gelegenes Hotel.

Restaurant
La Giara, Via Bertoloni 35, Sarzana, Tel. 01 87 62 40 13. Speck und Trüffel und viele, viele Nachspeisen. Abends nur nach Voranmeldung (Di geschl.).

22 Luni

Auf den Spuren einer großen Vergangenheit – Ausgrabungen der reichen Römerstadt.

Nicola – Ortonovo

Luni – der Name hat für Italiener einen märchenhaften Klang. Eine Stadt, einst prächtig wie Rom, und dann spurlos im Sumpf versunken, Symbol der Vergänglichkeit irdischen Ruhms. Doch die archäologischen Ausgrabungen lassen die mächtige römische Handels- und spätere Bischofsmetropole allmählich wieder auferstehen. Heute umfasst der *Parco Archeologico* von Luni ein interessantes Museum und ansehnliche Reste des Forumsbereiches und des Amphitheaters.

Geschichte Luni, 177 v. Chr. gegründete römische Militärkolonie an der Magra-Mündung, die die Einfallsstraße (*Via Aemilia Scauri*) ins aufsässige Ligurien kontrollierte, gelangte bald zu großem Wohlstand. Antike Schriftsteller priesen Weine und Käse der Gegend. Wichtiger war jedoch der Export von Baumaterialien wie Marmor und das aus den Bergen herabgeflößte Holz. Unter dem Namen *Marmor lunense* wurde der weiße Kalkstein von Carrara, der seit dem 1. Jh. v. Chr. abgebaut wurde, in die gesamte römische Welt verschifft.

Luni konnte seinen Wohlstand und seine regionale Führungsposition auch während der byzantinischen und langobardischen Epoche (3./4. Jh.) unter mächtigen Bischöfen bewahren. Weit bis in die Toskana hinein (Magra-Tal, Pontremoli) erstreckte sich damals das Hinterland, die **Lunigiana**. Der Anblick der Stadt soll so

An edle Einfalt und stille Größe erinnern die Ruinen des römischen Amphitheaters in Luni

glanzvoll gewesen sein, dass der Dänenpirat Hasting sie 860 im Glauben plünderte, es handle sich um Rom.

Vernichtender als Überfälle und Kriege war für Luni die Natur. Das Magra-Tal versumpfte, unmittelbare Folge war die Ausbreitung der Malaria. Schließlich wurde Luni unbewohnbar. Papst Innozenz III. zog 1204 die Konsequenzen und verlegte den Bischofssitz aus der verfallenden Stadt nach Sarzana. Die ersten Ausgrabungen begannen 1837 und mit der Trockenlegung des Terrains war der Weg für größere Kampagnen bereitet. Seit 1970 wird Luni systematisch ergraben. Dabei fällt auf, dass das mittelalterliche Gemeinwesen praktisch in den antiken Gebäuden weiterbestand.

Besichtigung Im Zentrum der Römerstadt befindet sich das kleine **Museo Archeologico Nazionale** (Di–So 8.30–19.30 Uhr), das auf dem Gelände des einstigen *Capitoliums* steht. Neben Glas, Münzen und Statuen enthält es vor allem Keramik, darunter Tafelgerät aus roter tunesischer Terra sigillata, die im 2.–7. Jh. n. Chr. importiert wurde. Ein ausgeschilderter Rundgang führt zu den (eher spärlichen) Resten des Forums, eines Tempels, einer Villa mit Freskenfragmenten und einer frühchristlichen Basilika. Besterhaltenes Bauwerk ist das **Amphitheater** des 2. Jh. n. Chr., in dem im Sommer vor der Kulisse der apenninischen Bergwelt klassische Theateraufführungen stattfinden.

Auch aus kulinarischen Gründen sollte man ins steile **Nicola**, einer *Frazione* des sehenswerten Städtchens **Ortonovo**, hinauffahren. Um die rechteckige Piazza mit Kirche verlaufen die Straßen ringförmig nach außen bis zu den gut erhaltenen Stadttoren. Auch Nicola hat seine mittelalterliche Atmosphäre gewahrt.

Praktische Hinweise

Restaurant

Da Fiorella, Nicola di Ortonovo, Tel. 0 18 76 68 57. Ausflugslokal mit vorzüglicher Familienküche: hausgemachtes Walnussbrot, Gemüsetorte, *Panigacci* (Crêpes mit verschiedenen Füllungen), gebackenes Lamm und Kaninchen, Perlhuhn und Wildtaube (Do geschl.).

Riviera di Ponente – Von Stränden und Olivenöl

Das westliche Ligurien, die ›Küste der untergehenden Sonne‹, besteht aus einer langen Kette von Badeorten, die mit der Palmenpromenade von **Arenzano** und dem kinderfreundlichen **Celle Ligure** beginnt und in den noblen Destinationen **San Remo**, **Alassio** und **Bordighera** gipfelt. Allen ist eines gemeinsam: Zwischen dunklen, ursprünglich gebliebenen Altstadtgassen mit geschmackvollen Läden öffnen sich sonnenbeschienene kieselmosaikgepflasterte Plätze mit verlockenden Bartischchen für die Campari-Pause. Außerdem gibt es *Art and Fun* im Keramikdorf **Albisola**, steinzeitliche Höhlenbärenjäger in den Grotten von **Toirano** und zwei Provinzhauptstädte: **Savona** ist trotz brutaler historischer Verstümmelungen ein Kunstzentrum, für das man sich Zeit lassen sollte, **Imperia** steht ganz im Zeichen des Olivenöls und der silbergrauen Ölbaumkulturen seines Hinterlandes. Dann bezaubern den Besucher die in der Sonne schimmernden Blumen- und Glashausterrassen der *Riviera dei Fiori*, der Blumen-Riviera, wo Rosen, Gladiolen, Orchideen und Strelitzien gedeihen. Das Finale bildet der betörende Rausch exotischer Gärten in der **Villa Hanbury**, wenige Kilometer vor der französischen Côte d'Azur, am Fuß der schneebedeckten Seealpen. Dazu kommt eine faszinierende *Entroterra*, das ligurische Hinterland voll uralter, steiniger, abgeschiedener Handwerker- und Bergstädtchen, das einst wie das labyrinthische **Dolceacqua** vom Handel über die piemontesischen Pässe profitierten. Hier kann jeder seinen eigenen Lieblingsort und seinen persönlichen Trattorien-Geheimtipp entdecken. Von der Berghütte über den Pilgerweg zur romanischen Abtei locken *Wanderungen* aller Schwierigkeitsgrade.

23 Pegli

Herrenhäuser und Parks zeugen vom Glanz des noblen Ferienortes.

Seit der Eingemeindung in das Konglomerat von Groß-Genua hat Pegli viel von seinem Glanz als einstmals nobler Badeort eingebüßt. Doch noch immer lohnt der Besuch seiner Parkanlagen und Museen.

Die **Villa Durazzo Pallavicini** besitzt trotz des sie umbrandenden Verkehrslärms einen der stimmungsvollsten ligurischen Gärten. Der *Parco romantico* (April–Sept. Di–So 9–19, Okt.–März Di–Sa 10–17 Uhr) wurde 1837–46 vom Bühnenbildner Michele Canzio angelegt und umfasst neben Kamelienhainen nach englischem Vorbild Pagoden, Tempelchen und Teiche mit Ruderbooten. Im Sommer finden Freilichtaufführungen und Konzerte statt, für die ein Bootsservice ab Genua-Zentrum eingerichtet wird. Außerdem lockt das interessante **Museo Civico di Archeologia Ligure** (Di–Fr 9–19, Sa/So 10–19 Uhr). Hier lässt sich neben römischen Funden auch das altsteinzeitliche ›Grab des jungen Prinzen‹ aus einer Grotte bei Finale Ligure besichtigen.

Die Welt der ligurischen Seefahrt erschließt das benachbarte **Museo Navale** (Di–Fr 9–13, Sa/So 10–19 Uhr) in der *Villa Doria-Centurione* (16. Jh.) mit originalen Fresken und Terrazzo-Fußböden. Neben Seekarten, nautischen Instrumenten und einer Genua-Vedute von 1597 locken Modelle der drei Kolumbus-Karavellen. Weder historische Schnellsegler noch Dampfschiffe kommen zu kurz.

ℹ Praktische Hinweise

Information

Pro Loco, Via Pallavicini 5, Pegli, Tel./Fax 010 66 13 30, www.genovapegli.com

◁ *Kontraste in Grün – das moderne Laiguelia und einsame Bergregionen bei Toirano*

24 Acquasanta

Idyllischer ehem. Kurort mit heiliger Quelle und Thermalanlagen.

Vielleicht wird der geplante Golfplatz die Idylle verändern, aber noch ist Acquasanta ein Geheimtipp, ein Platz, an dem die Zeit stehen geblieben zu sein scheint. Der einstige Kurort ist nur mit dem Bummelzug oder über enge Schluchten und Straßen von Genua-Voltri aus zu erreichen. Und dann öffnet sich die Waldschlucht mit der ›heiligen Quelle‹ (Acqua santa), die zu Füßen eines reizenden **Rokoko-Tempietto** mit Schuppendach entspringt.

Auf der anderen Seite des Acquasanta-Wildbaches liegen die frisch restaurierten **Kuranlagen** von 1832. In nächster Zukunft soll der Kurbetrieb wieder aufgenommen werden. Nicht nur die Genueser schätzten das schwefelhaltige Heilwasser, das die Haut reinigt und verschönt. Einige der Marmorbadewannen im Empire-Stil lassen sich beim Herumstreifen durch den Ort noch aufspüren. Sie dienen heute neuen Zwecken, etwa als Blumeneimer oder als Waschtröge.

Der wahre Anziehungspunkt aber ist unverändert attraktiv geblieben: die Wallfahrtskirche **Nostra Signora dell'Acquasanta**, eine herrliche Landkirche auf einer großzügigen Terrasse, flankiert von breiten Pilgerhospizen. Barockes Lebensgefühl pur lädt zum Verweilen, die Innenausstattung des 1683–1710 errichteten Gotteshauses hat liebenswerte Patina angesetzt. Über den breiten Vorplatz im Schatten der Platanen führte schon 1832 Ferdinand II., König beider Sizilien, seine gerade angetraute Braut Maria Cristina von Savoyen. Am 15. August, Mariä Himmelfahrt, treffen sich in Acquasanta Bruderschaften aus ganz Ligurien, um ihre Prozessionsfiguren *(Casacce)* vorzuführen.

Über Wanderpfade und Reitwege gelangt man zur idyllisch mit Glyzinien überwucherten Bahnstation und in das Küstengebirge zum von Fahrradsportlern geschätzten **Passo del Turchino**.

In **Campoligure** (22 km nördlich) locken der Märchenpark *Pinocchio Meccanizzato* (März–Okt. Mo–Fr 15.30–17.30, So/So 15–19 Uhr) und das einzigartige *Silberfigurenmuseum* (Di–So 15.30–18, Sa/So auch 10.30–12 Uhr).

ℹ Praktische Hinweise

Restaurant

La Madia, Acquasanta, Tel. 010 63 80 19. Spezialität ist Fritto misto alla genovese mit gebackenem Gemüse (Mo–Mi geschl.).

Ein wahrhaft englischer Garten – Parco romantico der Villa Durazzo Pallavicini in Pegli

25 Arenzano

Adretter Badeort mit Pfauen-Pavillon.
Cogoleto

Arenzano präsentiert sich als eleganter Bade- und Kurort. Zum Ambiente gehören die penibel gewartete *Strandpromenade* mit Palmen, Pinien und halbkugelförmig beschnittenen Pechsamenbäumchen *(Pittosforo)*, das Grand Hotel von 1915 und der *Golfplatz* sowie geschmackvolle Lädchen im *Carrugio*, der zentralen Altstadtgasse. Die barocke Pfarrkirche **SS. Nazario e Celso** am westlichen Rand der Oberstadt wurde nach dem Zweiten Weltkrieg wieder aufgebaut. Links davor liegt ein herrlicher Stadtpark, in dessen Zentrum der burghafte **Palazzo Pallavicini-Negrotto-Cambiaso** (16. Jh.) steht. Eigentlicher Blickfang ist ein zartgrüner filigraner *Pavillon* (um 1900), beliebter Rastplatz der Pfauen von Arenzano. **Muvita**, Italiens modernstes Umweltmuseum in einer Papiermühle des 17. Jh. öffnet nach Voranmeldung (Tel. 010 91 00 01).

Westlich von Arenzano, hinter dem Kap San Martino, lohnt der kleine Badeort **Cogoleto** einen Halt. Hier soll Christoph Kolumbus geboren worden sein. Einer seiner Nachfahren, der Priester Antonio Colombo, ließ 1650 das ›Geburtshaus‹ in der Via Rati mit einem Porträtmedaillon des Seefahrers bemalen.

Badeleben in Arenzano aus sicherer Distanz betrachtet

Praktische Hinweise

Information

IAT, Lungomare Kennedy, Arenzano, Tel./Fax 01 09 12 75 81

IAT, Lungomare S. Maria 1, Cogoleto, Tel. 01 09 17 02 64, Fax 01 09 17 02 25

Hotels

******Grand Hotel**, Lungomare Stati Uniti, Arenzano, Tel. 01 09 10 91 01, Fax 01 09 10 94 44, www.grandhotel arenzano.it. Alter Glanz modern renoviert, Swimmingpool und Golfkurse.

****Al Mare**, Corso Matteotti 76/2, Arenzano, Tel. und Fax 01 09 12 75 25. Trotz des Namens nicht direkt am Meer, sehr einfaches Hotel in zentral gelegenem Palazzo.

Restaurants

Parodi, Via Capitan Romeo 30, Arenzano, Tel. 01 09 12 66 37. *Rosticceria* mit Restaurant, Fisch zu reellem Preis (Di geschl.).

Pizzeria La Cambusa, Lungomare Stati Uniti 3, Arenzano, Tel. 01 09 12 31 04. Raucherfreundliche Strandbar für *beautiful people*, Cocktails und kleine Speisen.

Varazze

Von Segelschiffen, Heiligenlegenden und einem beeindruckenden Berg.

Monte Beigua

Die weite Bucht zwischen den Kaps **Punta della Mola** und **Punta dell'Aspera** ist seit der Antike besiedelt, heute teilweise mit Schwarzbauten zersiedelt. Der römische Name *Ad navalia* (zu den Schiffen) passt zur Schiffsbautradition des Ortes, in dem auch der Entdecker der Kanaren-Insel Lanzarote, Lanzarotto Malocello, im 14. Jh. geboren wurde. Die **Werften**, auf denen bis ins 19. Jh. große Transportsegler für die Weltmeere gebaut wurden, haben heute auf Sportboote umgesattelt. In der katholischen Welt machte ein weiterer Name aus Varazze die Runde: **Jacobus de Voragine** (Jacopo da Varagine, 1230–1298), Erzbischof von Genua, hat in seiner ›Legenda aurea‹ (1270) die großen Heiligenlegenden nacherzählt – noch heute unverzichtbares Rüstzeug der Kunstgeschichte.

Der Dom **Sant'Ambrogio** von 1535 liegt an einer kieselgepflasterten Piazzetta im Herzen der Altstadt. Die Neobarockfassade aus weißem Marmor wurde 1914 dem 1666 hergerichteten Kirchenraum vorgeblendet. Sie kontrastiert mit dem *Campanile* des romanischen Vorgängerbaus (13. Jh.). Das bedeutendste Kunstwerk ist ein goldgrundiger *Flügelaltar* mit dem hl. Ambrosius und einem Engelskonzert von Giovanni Barbagelata.

Etwas nördlich, auf der anderen Seite der Durchfahrtsstraße Via Nocelli, steht die in die Stadtmauer eingebaute Ruine der ersten romanischen Kathedrale (11./12. Jh.). Die Fassade des heutigen **Oratorio Nostra Signora dell'Assunta** schmücken islamische Majolikateller.

Von Sant'Ambrogio kann man auf der gleichnamigen Hauptgasse ostwärts zum breiten **Viale Nazioni Unite** gehen, der über dem Flussbett des Teiro aufgeschüttet ist. Von hier führt die Via della Stazione zur ca. 500 m entfernten Kirche **San Domenico** am Ortsrand: In einer linken Seitenkapelle wird die silberne Graburne Jacobus de Voragines aufbewahrt. Das Tafelbild *Simone da Pavias* von 1452 zeigt den selig gesprochenen thronenden Bischof mit Heiligen. Ganz in der Nähe steht die Uferkirche **Santa Caterina**, Sieneser Patronin von Varazze, deren Leben in historischen Wandgemälden des 19. Jh. erzählt wird.

Ausflug

Eine 19 km lange Straße führt zum Naturpark des 1287 m hohen, wolkenreichen **Monte Beigua**. Das Gipfelpanorama reicht bei klarem Wetter von den Alpen bis Korsika. Das zur Küste hin entwaldete Massiv besteht z. T. aus grünem Serpentingestein, das für die zweifarbigen Bänderfassaden der ligurischen Kirchen und Paläste gebrochen wurde. Die Vegetation umfasst neben Heidelbeeren seltene Farne und Orchideen. Am Monte Beigua wurden auch abstrakte steinzeitliche Ritzzeichnungen entdeckt.

Praktische Hinweise

Information

IAT, Viale Nazioni Unite, Varazze, Tel. 019 93 50 43, Fax 019 93 59 16, www.varazze.com

Hotels

******Savoy**, Via Marconi 4, Varazze, Tel. 019 93 46 26, Fax 019 93 24 80, www.savoyvarazze.it. Große alte Dame am Strand.

*****Le Palme**, Via San Domenico 9, Varazze, Tel. 01 99 72 42, Fax 019 93 08 08, hlepalme.varazze@modit.it. Stilvolle Villa des 18. Jh. mit großzügigem Park in Meernähe.

Spanisches Flair – die Uferkirche Santa Caterina von Varazze

Die Palazzata von Celle Ligure kann man auch vom Boot aus bewundern

27 Celle Ligure

Città dei Bambini – Ferien für Kinder und Radrennfahrer.

Glückliches Celle – Lärm machen in dem als **familienfreundlich** beworbenen Städtchen eher Touristenkinder als der Verkehr. Denn hier verläuft die sonst in Ligurien fast obligate Küstenstraße ausnahmsweise nicht am Strand. Vor den kleinen, bunten *Fischerhäusern* und den Bootsschuppen, die dem Ort wohl den Namen gegeben haben, erstreckt sich eine weitgehend verkehrsberuhigte Zone. Außerdem schwört man in Celle auf das Fahrrad. Die legendäre **Rennradfabrik** des aus Celle stammenden Stundenweltrekordlers von 1935, *Giuseppe Olmo*, hat hier ihren Sitz und einen Direktverkauf.

Weitere Sehenswürdigkeiten sind schnell aufgezählt: Die **Via Boagno** mit dem Palazzo Comunale in der Stadtmitte entstand durch Überbauung des Ghiaro-Flusses. Landeinwärts führt sie unter der Eisenbahnlinie durch zur Barockkirche **San Michele Arcangelo** (17. Jh.), deren gelb-weiße Fassade von 1828 einen hübschen Kontrast zu dem Kieselmosaik des

Keramik total

Das **Revival**, das Albisolas Töpferwerkstätten mit zeitgenössischen **Künstlern** wie Giacomo Manzù, Lucio Fontana, dem Kubaner Wifredo Lam und dem Dänen Asger Jorn (der abwechselnd in Paris und Albisola lebt) inszenieren, knüpft an eine große Tradition mit modernen Mitteln an. Schon im 15. Jh. war der Ort für seine glasierten **Kacheln** im arabischen Stil berühmt. Sogar die ligurischen Della-Rovere-Päpste ließen sich diese **Laggioni** nach Rom schicken. Bereits 1589 wurde die Keramikerzunftordnung Albisolas, die berühmten **Capitula Artis Figulorum**, schriftlich fixiert. Noch

heute ahmt die hochwertige Albisola-Ware Formen und Muster des 18. Jh. nach. Damals, als adlige Auftraggeber ihre Villen ausstatten ließen und Porzellan noch keine bürgerliche Massenware war, explodierte die Produktion nahezu: 25 Mio. Stück sollen jährlich gebrannt worden sein. Im 19. Jh. sattelte man dann auf die Massenproduktion von **Kochgerät** aus Steingut um. Erst um die Wende zum 20. Jh. besann man sich wieder auf die traditionellen Formen. So fanden z. B. Rokokofigurinen vor allem in Amerika begeisterte Abnehmer. Daneben wurde schon in den 1920er-Jahren mit futuristischen Designs experimentiert. Heute koexistieren in den **Botteghe** Albisolas Avantgarde und Tradition, Kitsch und Kunst.

Vorplatzes bildet. Im **Chor** zeigt ein *Polyptychon* des Raffaelschülers Perin del Vaga die ›hll. Michael, Petrus und Johannes d. T.‹.

Im Ortsteil Pecorile steht das Geburtshaus Papst Sixtus IV. Da es sich in Privatbesitz befindet, kann es leider nicht besichtigt werden.

ℹ Praktische Hinweise

Information
IAT, Via Boagno im Palazzo Comunale, Celle Ligure, Tel. 019 99 00 21

Einkaufen
Olmo-Fahrräder, Fabrikverkauf, Via Aurelia 22, Celle Ligure, Tel. 019 99 01 57, Fax 019 99 03 35, www.olmo.it

Hotels
***Flora**, Via Monte Tabor 47, Celle Ligure, Tel. 019 99 02 18, Fax 019 99 34 50, www.htlflora.com. Angenehmes kleines Hotel, liegt ruhig und etwas außerhalb.

***Impero**, Via Ciambrini 5, Celle Ligure, Tel. 019 99 00 97, Fax 019 99 01 29, www.albergoimpero.it. Zentral gelegenes Haus.

Restaurant
L'Acqua dolce, Via Pescetto 5 a, Celle Ligure, Tel. 019 99 42 22. *TOP TIPP* Kleines feines Restaurant an der Uferpromenade mit raffinierten leichten

Breiter Sandstrand, weiße Kabinen – Strandleben im Angesicht der bunten Palazzi von Albisola

Fischgerichten: weiße Muschelsuppe, Branzino-Carpaccio, Krabbenfagottini, Petersfisch in ligurischer Agrumensauce. Der richtige Platz, um sich ein komplettes italienisches Menü mit Antipasto, Nudelgang und Fischgericht zu gönnen und einmal nicht aufs Geld zu schauen (Di geschl.).

28 Albisola

Badeort und Zentrum der ligurischen Keramikherstellung.

Villa Faraggiana – Sassello

Albisola, auf den ersten Blick nüchtern und modern wirkend, besteht aus den zwei Stadtteilen Albisola Superiore und Albisola Marina, die durch den Sansobbia-Fluss getrennt werden. Das östliche **Albisola Superiore** reicht zwar bis zum Meer, bewahrt aber eine reizvolle Oberstadt mit der Kirche San Nicolò (17. Jh., barocke Holzstatuen). Einen Überblick über die lokale Keramiktradition verschafft das **Museo della Ceramica M. Trucco** (Corso Ferrari 193, zzt. wegen Restaurierung geschl.). Die **Villa Gavotti** mit prachtvollem Park und statuengeschmückten Balustraden, eingeschnürt zwischen Autobahn und Neubauten, ist hingegen nur für Sonderausstellungen geöffnet. Das Geburtshaus Papst Julius II. wurde 1739–53 von dem Dogen Francesco Maria della Rovere aufwendig umgebaut.

Art and Fun ist in **Albisola Marina**, seit Jahrhunderten für seine Keramik berühmt, angesagt. Zu den großen Sehens-

Auch für Dogen gut genug – die Villa Faraggiana mit zierlicher Rokoko-Fassade

Albisola

würdigkeiten in dem belebten Badeort zählt die 1963 von zeitgenössischen Künstlern gestaltete Keramik-Promenade **Lungomare degli Artisti**. Ein mexikanischer Feigenkaktus, natürlich aus grellbunt bemalter Majolika, heitert die Uferstraße zusätzlich auf.

Ein frühes Keramikbild findet man in der Barockkirche **Nostra Signora della Concordia** (Neobarockfassade, 20. Jh.) im Zentrum der kleinen Altstadt. Die figurenreiche ›Geburt Christi‹ (rechts im Kirchenschiff) wurde 1576 von Girolamo Urbinate und Agostino Salomone aus glasierten Kacheln getöpfert.

Unbedingt sollte man auch die landeinwärts gelegene **Villa Faraggiana** (Mitte März–Sept. Di–So 15–19 Uhr, letzter Einlass 18.15 Uhr) mit ihrem verwilderten Park besuchen. Der 1730 für den Dogen Girolamo Durazzo errichtete Komplex wurde 1961 vom letzten Besitzer der piemontesischen Stadt Novara vermacht. Zu der historischen Innenausstattung gehört das Dogenschlafzimmer mit originalem Stuck und Prunkbett.

Der schweizerisch anmutende Luftkurort **Sassello** (23 km) nahe der Grenze zu Piemont zeigt sich am Sonntag nach Fronleichnam von seiner schönsten Seite. Dann zieht bei der **Infiorata** die Prozession durch mit Blütenteppichen und Bildern geschmückte Straßen. Dabei hat man auch Gelegenheit, die lokalen Mandel-*Amaretti* und Steinpilze zu probieren.

Praktische Hinweise

Information

IAT, Piazza Sisto IV 8, Albisola, Tel. 01 94 00 20 08, Fax 01 94 00 30 84, www.albisole.it

Restaurant

Trattoria La Familiare, Piazza del Popolo 8, Albisola, Tel. 0 19 48 94 80. Ligurische Gerichte in der Altstadt von Albisola Marina (Mo geschl.).

29 Savona

Industrie- und Hafenstadt mit charmantem Altstadtkern.

Vado – Altare – Piana Crixia

Die Provinzhauptstadt Savona mit Industriehafen und Neubauvierteln Richtung Vado schreckt viele Besucher zunächst ab. Dabei hat die drittgrößte Stadt Liguriens (60 000 Einw.) eine reizvolle Altstadt mit kostbar ausgestatteten Kirchen und gut sortierten Geschäften sowie den

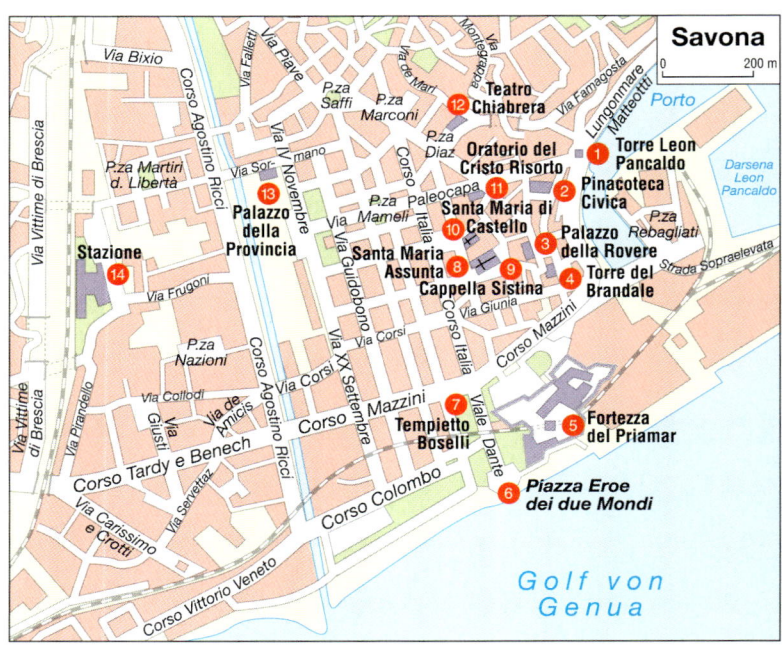

29 Savona

Die Torre Leon Pancaldo und eine alte Galeone bestimmen diese Hafenkulisse – heute stechen von Savona aus vor allem Fiats in See

ambitionierten Museen-Komplex auf der Fortezza del Priamar zu bieten.

Geschichte Die altligurische Hüttendorfsiedlung der *Sabatier* lag auf dem Priamar-Hügel. Im Zweiten Punischen Krieg standen die Bewohner aufseiten der Karthager. Durch den Bau der *Via Aemilia Scauri* erfuhr zunächst die nahe gelegene Station *Vada Sabatia* (Vado) einen bedeutenden Aufschwung.

Savona selbst sollte erst im Verlauf des frühen Mittelalters durch die strategische Position der **Uferzitadelle** zu einer der mächtigsten Städte Liguriens anwachsen. Savona nahm am 1. Kreuzzug teil und unterhielt ausgedehnte Handelsverbindungen, die bis nach England und Flandern reichten. 1472 begann hier eine der ersten Buchdruckereien Italiens zu arbeiten. Auch die **Renaissance-Päpste** Sixtus IV. und Julius II. aus der Familie *Della Rovere* hatten in Savona ihre Hausmacht. 1528 entledigte sich Genua der Rivalin auf brutale Weise: Das Hafenbecken wurde zugeschüttet und der Priamar zur Zwingburg ausgebaut. Die Bevölkerung ging von 18 000 auf 6000 zurück. Eine verarmende Stadt, der ein weiterer Papst traurigen Glanz verlieh: Pius VII. lebte hier 1809–12 praktisch als Gefangener Napoleons.

Doch nach der italienischen Einigung 1861 setzte ein neuer Aufschwung ein, der sich industriell und städtebaulich niederschlug. 1882 wurde z. B. die zentrale Laubenstraße, die Via Paleocapa, ausgebaut. Selbst die Bombenschäden des Zweiten Weltkriegs haben den **fünftgrößten Hafen** Italiens nicht in seiner Position als lebendiges, wirtschaftliches Zentrum beeinträchtigen können. **Fiat** und **Lancia** aus Turin lassen hier verladen – 3000 Neuwagen fasst der 14-stöckige Autosilo.

Besichtigung Direkt am Hafenbecken fällt die **Torre Leon Pancaldo** ❶ auf. Der Festungsturm des 14. Jh. – ehemals Teil der Stadtmauer – trägt den Namen des aus Savona gebürtigen Steuermanns von Magellan, der als erster Europäer Kap Hoorn umschiffte. In den Laubengängen *(Portici)* der von hier ausgehenden Prachtstraße **Via Paleocapa** haben sich anspruchsvolle Läden eingemietet. In der gleich zu Beginn nach links abbiegenden Via Quarda Superiore findet man im 3. Stock des etwas heruntergekommenen Palazzo del Carretto-Pavese-Pozzobonello die **Pinacoteca Civica** ❷ (Sept.–Juni Mo, Mi, Fr 8.30–13, Di, Do 14–19, Sa 9.30–13, 15.30–18.30, So 10–13 Uhr, Juli/Aug. Mo, Mi, Fr 8.30–13, Di, Do 14–19, Sa 8.30–13, 20.30–23, So 10–13 Uhr). Neben kostbaren Apothe-

Nächtliches Schachspiel der Türme in Savona – mit der Torre del Brandale

Auf der Via Quarda passiert man auch den **Palazzo della Rovere** ❸. Die Residenz des Kardinals Giuliano della Rovere, des späteren Kriegspapstes Julius II., wurde ab 1495 von *Giuliano da Sangallo* im toskanischen Stil mit sparsamer Pilastergliederung erbaut. Daneben steht die **Torre del Brandale** ❹, ein von den genuesischen Zwingherren verstümmelter Turm des 12. Jh. mit Erdgeschoss Arkaden, der 1932 wieder auf seine ursprüngliche Höhe von 50 m aufgestockt wurde. In ihm hängt die berühmte Stadtglocke *a Campanassa*.

Weiter südlich erhebt sich eine der stärksten Festungen der ligurischen Küste. Die Genuesen ließen das **Fortezza del Priamar** ❺ 1542 als Zwingburg auf dem Küstenhügel errichten. Heute dient es als Jugendherberge und multifunktionales Museums- und Ausstellungszentrum. Das **Museo Archeologico** (Juni–Sept. Di–Sa 10–12, 15–17, So 15–17 Uhr, Okt.–Mai Di–Fr 9.30–12.30, 15–17, Sa 10–12, 15–17, So 15–17 Uhr) befasst sich mit der ältesten Besiedlung des Priamar-Hügels und zeigt u. a. Terrakotta-Sarkophage des 5. Jh. n. Chr. Das **Museo Sandro Pertini** (Sa/So 10–12 Uhr) zeigt die Sammlung des ehem. Staatspräsidenten Pertini (1896–1990), der aus Stella bei Savona stammt. Zu sehen sind Werke zeitgenössischer Künstler wie Ottone Rosai, Graham Sutherland, Henry Moore und Filippo de Pisis, ein Bildnis Pertinis von Ilya Glazunov sowie 50 monumentale Skulpturen der einheimischen Bildhauerin **Renata Cuneo**.

Eine weitere ungewöhnliche Statue lässt sich an der **Piazza Eroe dei due**

kergefäßen und Keramikschüsseln des 17. Jh. umfasst die Sammlung Altarbilder von Taddeo di Bartolo aus Siena und Ludovico Brea, die nach der Säkularisation in den 1960er-Jahren aus Kirchen entfernt wurden. Unter den Barockgemälden fallen ein ›Liebespaar mit Papagei‹ von Domenico Fiasella gen. Il Sarzana und ein groteskes ›Maskenfest mit Konfekt haschenden Kindern‹ eines unbekannten Malers auf. Im gleichen Gebäude ist auch ein kleines *Naturkundemuseum* untergebracht.

Ein Kastell mit Altarbildern – die Pinacoteca Civica in der Fortezza del Priamar

Mondi ❻ bestaunen. Leonardo Bistolfi hat in seinem **Garibaldi-Denkmal** von 1928 den ligurischen ›Helden der zwei Welten‹ auf einem mit futuristischer Muskulösität vorschnellenden Hengst dargestellt.

Ganz in der Nähe steht ein Kleinod des frühen Klassizismus: Der ›pompejanische‹ **Tempietto Boselli** ❼, ein fayenceverzierter Gartenpavillon mit Sphingenfries und Theatermasken (1786), repräsentiert ein Stückchen heiterer Villenkultur mitten in der Stadt.

Auf der Via G. Caboto, die an den ligurischen Entdecker Neufundlands erinnert, geht es wieder in die Altstadt bis zur Cattedrale **Santa Maria Assunta** ❽. Sie wurde 1589–1605 von Battista Sormano aus Como auf der Anlage des ehem. Franziskanerklosters errichtet – die *alte Kathedrale* auf dem Priamar hatte der genuesi-

Beschwingtes Rokoko – der Tempietto Boselli

Der Baumeister dachte in römischen Dimensionen – wie eine imposante Theaterkulisse wirkt die breit gelagerte Fassade der Cattedrale Santa Maria Assunta

Savona hat auch eine – die Cappella Sistina ließ Papst Sixtus IV. für seine Eltern errichten

schen Zitadelle weichen müssen. Die neobarocke **Fassade** blendete Guglielmo Calderini, der Architekt des elefantösen römischen Justizpalastes, erst 1886 vor.

Der spätmanieristische dreischiffige **Innenraum** enthält noch Ausstattungsstücke des Vorgängerbaus: Gleich an der Eingangswand wird ein kolossales byzantinisches *Kapitell*, das im 12. Jh. zu einem Taufbecken umgearbeitet wurde, von orientalisierenden Marmorgittern des 15. Jh. eingegrenzt. Außer der *Kanzel* von 1522 achte man auf ein vergoldetes *Schieferrelief* mit der Darstellung von ›Mariä Himmelfahrt‹ (14. Jh., über dem linken Seiteneingang) und das kostbare *Chorgestühl* mit Intarsien, das 1500–21 von lombardischen Meistern geschnitzt wurde. Das hochverehrte *Gnadenbild* der ›Madonna della Colonna‹ hingegen wurde im 15. Jh. auf eine Säule der alten Kirche San Francesco freskiert. Bei der Ausschmückung der neuen Kathedrale mit Barockgemälden wirkten u.a. Lanfranco und Il Sarzana mit, der *Hochaltar* stammt von 1765, die Kuppel wurde erst 1840 ausgeführt.

Weitere Kostbarkeiten der alten Kathedrale lassen sich im **Tesoro** (Öffnung auf Anfrage, Tel. 019 82 59 60), dem Kirchenschatz, bestaunen, den man vom Chor aus betritt. Prunkstück unter den liturgischen Gerätschaften ist der *Bischofsstab* Papst Julius II. aus einer rheinischen Goldschmiedewerkstatt des 13. Jh. (im 15. Jh. neu gefasst), sehenswert ferner *Gemälde* von Ludovico Brea und des Meisters von Hoogstraten (um 1500).

Der rechte Seitenausgang (daneben die Empore des unglücklichen Papstes Pius VII.) führt in den alten franziskanischen **Kreuzgang** mit Heiligenstatuen der Vorgängerkathedrale.

TOP TIPP Hier befindet sich auch der Haupteingang der **Cappella Sistina** ❾ (Voranmeldung: Tel. 01 98 38 96 35), die Papst Sixtus IV. 1481–83 als Mausoleum für seine Eltern Leonardo della Rovere und Luchina Monleone bauen ließ. Der **Innenraum** wurde 1762/63 mit farbigem Rokokostuck dekoriert, Tommaso Roccataglia baute 1764 die *Orgel* auf der prachtvollen, mit Geigen und anderen Musikinstrumenten verzierten Sängerempore. Die *Deckenfresken* malte ein Savoneser – Paolo Gerolamo Brusco, gen. Il Bruschetto (1742–1820). In den Gewölbezwickeln sind Papstwappen mit der Steineiche *(Rovere)* zu entdecken. Das *Grabmonument* an der linken Wand von Michele und Giovanni d'Aria zeigt den Papst, der seine knienden Eltern der Madonna mit dem Christuskind anempfiehlt.

Ein kostbares Tafelbild lässt sich in dem meist nur zum Sonntagsgottesdienst geöffneten Rokoko-Oratorium **Santa Maria di Castello** ⑩ nördlich der Kathedrale bewundern. Vincenzo Foppa aus Brescia und Ludovico Brea aus Nizza malten 1489/90 den großen *Flügelaltar*, der die Gottesmutter im Kreise von Heiligen zeigt. An der Ecke der Via Pia zur Via Paleocapa sollte man das **Oratorio del Cristo Risorto** ⑪ von 1604 nicht versäumen. Neben dem Rokokostuck des Altarraums bietet es als besondere Sehenswürdigkeit drei große **Casse**, Figurengruppen für die Karfreitagsprozession im spanischen Stil. Neben Antonio Maria Maraglianos ›Mariä Heimsuchung‹ von 1725 und der ›Addolorata‹ des lokalen Schnitzers Filippo Martinengo (18. Jh.) beeindruckt die ›Grablegung Christi‹ allein durch ihr Gewicht von 1400 kg!

Die weite Piazza Diaz wird von der Fassade des **Teatro Chiabrera** ⑫ beherrscht. Dieses Stadttheater (1846–53) trägt den Namen des Savoneser Poeten Gabriello Chiabrera (1582–1638), der in Oden gegen Martin Luther wetterte und dessen Gedichte von Monteverdi vertont wurden. An moderner Architektur Interessierte sollten schließlich einen Blick auf den **Palazzo della Provincia** ⑬ und die schon jenseits des Letimbro-Flusses gelegene **Stazione** ⑭ werfen, dem von Pier Luigi Nervi, dem Architekten der Olympiade 1960 in Rom, erbauten Hauptbahnhof.

Ausflüge

Im angrenzenden Öl- und Industriehafen **Vado del Ligure** zeigt das **Museo Civico** (Öffnung auf Anfrage, Tel. 0 19 88 39 14) in der Villa Gropallo Funde aus der antiken Wegstation *Vada Sabatia*.

Interessant ist die Fahrt ins Landesinnere, in den Glasbläserort **Altare** (15 km). Seine bis ins 12. Jh. zurückreichende Handwerkstradition wird im **Museo del Vetro** (Mi, Do 10–12, Fr–So 15–18 Uhr) dokumentiert, das auch wertvolle Jugendstilvasen enthält. Über das sich nördlich anschließende **Bormida-Tal** marschierte einst Napoleon nach Ligurien ein. Während ein Industrieort wie Cairo Montenotte touristisch wenig zu bieten hat, lohnen Abstecher in das romantische *Millesimo* und in den Naturschutzpark von **Piana Crixia**, direkt an der Grenze zu den für Barolo-Wein und Trüffel berühmten piemontesischen Langhe. Gut ausgeschilderte **Wanderwege** führen durch das mergelige Terrain, das im Laufe der Jahrhunderte bizarre Erosionsformen ausbildete. Hauptsehenswürdigkeit ist der **Fungo di Pietra**, ein ca. 15 m hoher ›Steinpilz‹ aus einem Felsblock, der auf einem dünnen Stiel von Konglomeratgestein balanciert.

Praktische Hinweise

Information

IAT, Corso Italia 157 r, Savona, Tel. 01 98 40 23 21, Fax 01 98 40 36 72, www.inforiviera.it

Antiquitätenmarkt am 1. Samstag und Sonntag im Monat

Unterkunft

Il Respiro del Tempo, Via Don Peluffo 8, Quiliano, Tel. 01 98 87 87 28. Schlafen unter Fresken in einem Bed & Breakfast 7 km westlich von Savona.

Frische Farinata – ligurische Kichererbsenfladen kann man nur nachmittags genießen

Ostello Priamar, Corso Mazzini (Fortezza), Savona, Tel./Fax 019 81 26 53. Jugendherberge in der Festung.

Restaurants

Osteria da Bacco, Via Quarda Sup. 19 r, Savona, Tel. 01 98 33 53 50. Lebendige *Osteria* mit roten Stühlen und Schiefertafel gleich beim Torre del Brandale. Stockfischspezialitäten (So geschl.).

Vino e farinata, Via Pia 15 r, Savona. Kommt ohne Reklameschild und Telefon aus. Einheimisch, gut und billig (So, Mo und Sept. geschl.).

30 Noli

Seerepublik en miniature mit einer schönen Altstadt voller Türme.

Spotorno – Bergeggi

In diesem ehem. Stadtstaat, der bis 1797 seine Unabhängigkeit wahrte, lässt sich der Reiz einer kleinen Stadt besonders angenehm erleben. Intime Plätze, Kolonnaden, Stadttürme und andere Zeugen stolzer Vergangenheit locken zu einem geruhsamen Aufenthalt voll kleiner Entdeckungen. Man kann einfach den Fischern zuschauen oder zu den Festungstürmen hinaufwandern.

Ciao Bello – tätowierte Seebärchen bei der Regata dei Rioni in Noli

TOP TIPP Am 2. Septembersonntag zur **Regata dei Rioni** erwacht Noli zum Leben, wenn die vier Stadtviertel *(Rioni)* ihre Kräfte bei einer Ruderregatta in historischen Kostümen messen.

Geschichte Das byzantinisch-griechische Wort *Neapolis* wurde im Laufe der Zeit zu Noli abgeschliffen. Die Männer aus Noli nahmen am 1. Kreuzzug teil und konnten durch das Bündnis mit Genua 1193 endgültig die feudale Oberherrschaft der Del Carretto von Finale abschütteln. Bis zur napoleonischen Eroberung blieb Noli ein selbstständiger Zwergstaat, dessen Grenzen bereits die umliegenden Küstenberge bildeten. Ihrem Rang gemäß hatte die Stadt von 1239 bis 1820 auch einen eigenen Bischof.

Besichtigung Am südlichen Altstadtrand lockt eines der bedeutendsten Baudenkmäler der Region, die – unter dem heutigen Bodenniveau liegende – romanische Kirche **San Paragorio** (Juni–Mitte Sept. Do–So 10–12, 15–17 Uhr). Seit den durchgreifenden Restaurierungen von 1889/90 und 1997 ist der ursprüngliche Zustand des 11. Jh. wieder hergestellt. Am **Außenbau** sind die drei Apsiden und die Obergadenwände im lombardischen Stil mit Lisenen und Bogenarkaden gegliedert. Knapp unter dem Schieferdach der Hauptapsis sind islamische *Majolikateller* vermauert, eines der frühesten Beispiele für diese Kreuzzugsmode. Das *Hauptportal* an der linken Seite wird von antiken Sarkophagen und gotischen Arkosol-Gräbern flankiert, während die türlose Westfassade teilweise von der alten Bahntrasse verdeckt wird. Den dreischiffigen **Innenraum** überspannt im Mittelschiff eine rekonstruierte offene Holzdecke mit originalen Farbspuren. Der *Ambo* (Evangelienkanzel, links vom Eingang) und das *Immersionsbecken* für Ganzkörpertaufe sind ebenfalls Rekonstruktionen. Original aus dem 12. Jh. datiert hingegen das bemalte *Kruzifix* im Stil des bekleideten ›Volto Santo‹ von Lucca (rechte Wand). In der Hauptapsis steht schließlich der stark ergänzte hölzerne Bischofsthron (13. Jh).

In der engen, ansprechenden **Altstadt** stößt man auf viele mittelalterliche Details. Spektakulärste Zeugen sind die bis zu 40 m hohen Backsteintürme des 13./14. Jh.: **Torre Comunale**, **Torre del Canto** und **Torre Papone** – von Letzterem führt eine Brücke zur Stadtmauer. Emsige Spu-

Schnittige Kurve – Noli und Strand vom Monte Ursino aus gesehen

rensucher können nach weiteren Resten der einstmals 72 *Stadt-* und *Geschlechtertürme* fahnden: Jede Familie, die für Genua eine Kriegsgaleere ausrüstete, durfte einen eigenen Wohn- und Wehrturm errichten. Die Lauben der **Loggia della Repubblica** sowie zahlreiche Inschriften und Wappen erinnern an die stolze Vergangenheit der kleinen Seefahrerstadt.

Im Zentrum der Altstadt steht die Cattedrale **San Pietro**, ein Bau des 13. Jh., der im 16. Jh. barock modernisiert wurde. Wer zum ehem. Kastell der Markgrafen Del Carretto auf der Bergkette des Monte Ursino aufsteigt, kann den weiten Blick bis Genua genießen.

2 km östlich von Noli begrenzen Palmen den langen Sandstrand des heute recht verbauten **Spotorno**, wo D. H. Lawrence mit seiner deutschen Frau Frieda von Richthofen-Weekley längere Zeit gelebt hat. Die beiden *Stabilimenti* (Badeanstalten) **Colombo** und **Cerutti** sind bereits historisch: Sie wurden 1872 eröffnet. Etwas weiter hat sich die einstige genuesische Strafkolonie **Bergeggi** zu einem Badeort entwickelt. Die gleichnamige Insel, auf der in der Antike ein Leuchtturm stand und im Mittelalter Benediktiner siedelten, darf als *Naturschutzreservat* nicht betreten werden.

Praktische Hinweise

Information

IAT, Corso Italia 8, Noli, Tel. 01 97 49 90 03, Fax 01 97 49 93 00

Hotels

***Miramare**, Via Aurelia 70, Spotorno, Tel. 019 74 51 16, Fax 019 74 51 42, www.miramarespotorno.com. Das schönste Uferhotel im Palazzostil von 1902.

TOP TIPP ***Palazzo Vescovile**, Via al Vescovado 13, Noli, Tel. 01 97 49 90 59, www.vescovado.net. Die Bischofsresidenz mit traumhaftem Seeblick ist zu einer charmanten 11-Zimmer-Herberge ausgebaut worden.

*****Glicine**, Piazza Garibaldi 7, Noli, Tel. 019 74 81 68, Fax 01 97 49 93 21. Freundliches Hotel an romantischer Altstadtpiazza.

Restaurant

Da Sandro, Loggia della Repubblica, Noli, Tel. 019 7 48 51 70. Neapolitanische Pizza unter Lauben serviert (Di geschl.).

31 Finale Ligure

Drei Städtchen mit bezaubernder, abwechslungsreicher Urlaubsatmosphäre.

Finale Marina – Finalpia – Finalborgo – Perti

Finale Ligure besteht aus drei Ortszentren: dem lebendigen **Finale Marina** mit heiterer Strandpromenade, dem mittelalterlich-intakten **Finalborgo** in Berglage und dem eher selten besuchten **Finalpia**, das sich östlich an den ausgedehnten Sandstrand von Marina anschließt.

Geschichte Das Caprazoppa-Kap westlich von Marina bildete einst die Grenze zwischen den ligurischen Stämmen der Sabatier und Ingauner und wurde darum von den Römern *Ad Fines* genannt. 1142 bemächtigten sich die Markgrafen *Del Carretto* Finales, das neben Savona die zweite Hauptstadt ihres Fürstentums war. Nach jahrhundertelangen Auseinandersetzungen mit **Genua** fiel Finale nach dem Tod des letzten Grafen 1698 zunächst an die Spanier und dann an den österreichischen Kaiser, der es 1713 endgültig an Genua verkaufte. Heute zählen neben dem Tourismus eine Flugzeugwerft und Steinbrüche, in denen ein begehrter weißer Kalkstein *(Pietra di Finale)* gebrochen wird, zu den wichtigen Erwerbszweigen.

Besichtigung Den Mittelpunkt der ›schönsten Palmenpromenade Europas‹ und des Centro Storico von **Finale Marina** bildet die **Piazza Vittorio Emanuele II**. Der sich zum Meer öffnende *Triumphbogen* wurde 1666 zu Ehren der spanischen Infantin Margherita errichtet, die Finale auf der Fahrt zu ihrer Hochzeit mit Kaiser Leopold I. besuchte. Der erste spanische Bourbone, Philipp V., stieg 1702 im *Palazzo Buraggi* (16. Jh.) links vom Bogen ab. Palazzi des 17. Jh. mit Laubengängen rahmen die Rückseite der lebendigen Piazza.

Von hier führen angenehme Einkaufsstraßen (umlagerter Eismacher *Il Dattero*, Via Garibaldi 46) nach links zur Hauptkirche **San Giovanni Battista**, die 1675 geweiht wurde. Sie besitzt eine der wenigen originalen Barockfassaden Liguriens (1762) mit üppigen Stuckverzierungen. Im Inneren fallen die Doppelsäulen auf – ein Architekturmotiv, das sich häufig in Genua findet. Ostwärts führt die Via Colombo zum **Arco di Carlo Alberto**, einem ›Stadttor‹, das 1836 anlässlich des ersten Tunnels durch das Kap von Caprazoppa errichtet wurde.

Badefreuden östlich von Finale Ligure

Gleich dahinter bilden die Bastionen des **Castelfranco** (1365–67), die einst bis ans Meer reichten, die Ortsgrenze zu **Finalpia**. Der sehenswerte Konvent **Santa Maria di Pia** liegt jenseits der Brücke über den Sciusa. Von der durchgreifenden Barockisierung der Kirche (1724–29) blieb nur der fünfgeschossige *Campanile* des 13./14. Jh. an der rechten Flanke verschont. Der pompöse *Hauptaltar* fasst eine ›Madonna mit Kind‹ (um 1400) Niccolò da Voltris: der Christusknabe hält einen Stieglitz, der als ›Dornbuschbewohner‹ auf das Martyrium der Dornenkrönung anspielt. Die kostbare *Orgelempore* schnitzte 1551 Antonio da Venezia. Die Sakristei und die Klostergebäude mit zwei Kreuzgängen bergen mehrere Terrakotten der Della-Robbia-Schule. Diese hatte der toskanische Benediktinerorden vom Monte Oliveto, der hier 1477 einzog, aus seiner Heimat mitgebracht.

Ein geschlossenes historisches Stadtbild präsentiert das reizvolle **Finalborgo**, das 2 km landeinwärts am Zusammenfluss von Pora und Aquila liegt. Der Mauerring

31 Finale Ligure

Hier kommen keine Kugeln mehr ins Rollen – Kanone vor dem Bogen für die spanische Habsburgerin Margarethe von Österreich auf der Piazza Vittorio Emanuele in Finale Marina

mit den gut erhaltenen Stadttoren Porta Testa, Porta Reale und Porta Romana entstammt weitgehend dem 15. Jh., als *Giovanni del Carretto* Finalborgo nach der Verheerung 1449 durch genuesische Truppen als *Regierungssitz* ausbaute. Marmorreliefs, u. a. mit dem ›Triumph des Hauses Del Carretto‹, schmücken z. B. die Innenseite des Stadtmauertrakts von 1452 bei der Porta Reale.

Hier grenzt auch die unvollendete Barockfassade (1634–59) des Duomo **San Biagio** an. Vom 1449 zerstörten Vorgängerbau blieb die in die Stadtmauer eingegliederte *Apsiszone* erhalten. Auch der hochgotische achteckige Campanile mit Spitzturm und doppelbogigen Fenstern wurde 1463 auf den Grundmauern einer Bastion errichtet. Der **Innenraum** ist aufwendig mit Marmor ausgestattet, die *Rokoko-Kanzel* des einheimischen Bildhauers Pasquale Bocciardo (1765) zeigt neben den Evangelistensymbolen auch den im Wagen gen Himmel fahrenden Propheten Elias, Hommage an den ›Karren‹ im Wappen der Del Carretto. Den *Hauptaltar* und die Statuengruppe ›Taufe Jesu‹ beim Eingang meißelte sein Sohn Domenico Bocciardo. Ein *Triptychon* von 1513 im lombardischen Stil stellt die ›Mystische Vermählung der hl. Katherina von Alexandrien mit dem Christusknaben‹ dar (1. Altar rechts). Am 2. Seitenaltar ist das Martyrium der aufs Rad geflochtenen Heiligen zu sehen. Der Piemontese Oddone Pascale schuf 1533 diese monumentale *Altarwand* mit ihrem reich verzierten Rahmen.

Auf der Via Torcelli spaziert man zur zentralen **Piazza Garibaldi**, deren alter Name Piazza delle Erbe (Kräuterplatz) an ihre Funktion als Gemüsemarkt erinnert. Am 1. Wochenende des Monats findet heute stattdessen ein *Antiquitätenmarkt* statt. Ansonsten kann man bei einem Campari einen weiteren *Ehrenbogen* (1666) für die spanische Braut Margherita betrachten, der allerdings bescheidener als in Finale Marina ausgefallen ist. Geradeaus stößt man auf die **Piazza del Tribunale**. Der martialische Eindruck des Gerichts- und Verwaltungsplatzes wird heute durch Topfpflanzen und Blumenstillleben gemildert. Der Palazzo del Tribunale (15. Jh., im 18. Jh. umgebaut) bewahrt ein Renaissance-Portal aus schwarzem Marmor und daneben ein spätgotisches Türsturz-Relief: Unter den vier Kardinaltugenden fällt die Justitia mit gezücktem Schwert auf.

Zum Abschluss kann man sich noch im **Museo Archeologico di Finale** (Juli/Aug. Di–So 10–12, 16–19 Uhr, Sept.–Juni Di–So 9–12, 14.30–17 Uhr) über die Geschichte des Finalese informieren. Die Sammlung mit vor- und frühgeschichtlichen, antiken und mittelalterlichen Funden nutzt einen der beiden Kreuzgänge des Dominikanerinnenklosters **Santa Caterina**. Sehenswert ist auch der Saal mit den nautischen Exponaten. Der 1359 gegründete Konvent diente auch als Grablege der Del Carretto. Nach der Säkularisation war in den mächtigen Mauern 1864–1965 ein Gefängnis untergebracht.

Ausflüge

Das fast verlassene Dorf **Perti** oberhalb von Finalborgo lässt sich am besten auf steilen, landschaftlich reizvollen Wegen erwandern (ca. 15 Min.). Die hinaufführende Strada Berretta beginnt beim *Castel San Giovanni* (17. Jh.) hinter dem Tribunalpalast. Hauptsehenswürdigkeiten der im Mittelalter wichtigen Wegstation Perti sind zwei Bauten des 15. Jh.: Der Festungsturm des **Castel Gavone** ist mit Bossen im sog. Diamantquaderschliff dekoriert. Die einsame Kirche **Nostra Signora di Loreto** entzückt durch fünf charakteristische Spitztürmchen. Dieser im Volksmund *Chiesa dei Cinque Campanili* genannte Bau ahmt ein Hauptwerk der Mailänder Frührenaissance nach, die berühmte Portinari-Kapelle Michelozzos in S. Eustorgio. Im ehem. Ortskern (dort auch Parkplatz) bewahrt die Kirche S. Eusebio eine romanische Hallenkrypta des 10./11. Jh.

Der Stadtteil **Varigotti**, 3 km östlich von Finalpia, ist wegen seines langen Strandes beliebt. Die *Borgo dei Saraceni* genannte farbenfrohe Altstadt mit ihren Loggien wird von Resten langobardisch-byzantinischer Festungen überragt.

Praktische Hinweise

Information

APT, Via San Pietro 14, Finale Ligure, Tel. 019 68 10 19, Fax 019 68 18 04

Hotels

***Garibaldi**, Piazza Vittorio Emanuele II 5, Finale Ligure, Tel. 019 69 04 53, Fax 019 69 41 91, www.garibaldihotel.com. Traditionshotel an der Piazza von Finale Marina.

****Hotel Gambone**, Via Concezione 37/38, Finale Ligure, Tel. 019 69 26 14, Fax 019 69 19 94, www.hotelgambone.com. Seit vier Generationen im Familienbesitz: schlicht gebliebenes Haus mit Restaurant direkt am Strand.

Jugendherberge

Castello Wuillermin, Via Caviglia 46, Finale Ligure, Tel./Fax 019 69 05 15, www.hostelfinaleligure.com. Malerisches Ambiente in einer Burg oberhalb der Stadt.

Restaurants

Alla Vecchia Maniera, Via Roma 25, Finale Ligure, Tel. 019 69 25 62. Schlichter, freundlicher Familienbetrieb mit offenem Backofen, wo man solide *Farinata*, *Panizza* und *Figassin* essen kann (Mi geschl.).

Osteria Castel Gavone, Perti, Tel. 019 69 22 77. Urige Bergtrattoria mit hausgemachten Pasta-Spezialitäten von Mamma Teresa (im Winter Di geschl.).

32 Toirano

Tropfsteingrotten, Höhlenbären und kontrastreiche Orte zwischen Urlaubstrubel und Tradition.

Loano – Convento di Monte Carmelo – Pietra Ligure – Borgio-Verezzi

Den Ruhm des landeinwärts gelegenen Städtchens **Toirano** machen weniger die mittelalterlichen Häuser des Borgo mit ihren Schieferportalen aus. Die meisten Besucher kommen, um die nahe gelegenen **Grotten** (tgl. 9.30–12.30, 14–17 Uhr) zu erleben, die zu den größten Italiens zählen. Höhepunkt des Höhlenabenteuers

Idylle für Katzen — begrüntes Finalborgo

32 Toirano

Lasst Blumen sprechen – Varigotti, gelber Ginster und rote Spornblumen

sind die versinterten Fußspuren eines Bären jagenden Cro-Magnon-Menschen (12 000 v. Chr.) in der **Grotta della Bàsura** (Hexengrotte, ca. 1 Std.), in der man auch einen ›Höhlenbärenfriedhof‹ des *Ursus speleologus* fand. Die anschließende **Grotta Inferiore di Santa Lucia** bezaubert durch ihre Tropfsteine, die **Grotta Superiore di Santa Lucia** durch das Panorama, das sich vor der stimmungsvollen Höhlenkirche mit Heilquelle bietet.

Im **Museo Etnografico della Val Varatella** (tgl. 10–13, 15–18 Uhr) werden vor- und frühgeschichtliche Fundstücke sowie Rekonstruktionen des einstigen Alltags präsentiert.

Unten an der Küste gilt das hemmungslos verbaute Borghetto Santo Spirito als touristischer Schandfleck, während *Ceriale* sich zumindest die hübsche zentrale Uferpiazza Vittoria bewahrt hat. Abstecher führen zum Bergdorfs *Peagna*,

Warten auf die Höhlenbären – furchtlose Gäste vor der Besichtigung der Grotten in Toirano

Toirano

zu den Ruinen von Capriolo und zum Naturschutzgebiet des *Parco Torsero* im gleichnamigen Tal, wo zahlreiche Fossilien zu bewundern sind.

Richtung Genua ist **Loano**, mit Jachthafen und lang gestrecktem Einkaufs-Carrugio, ein bei Familien beliebter Badeort. Die **Altstadt** hat neben dem obligaten Corso, der Via Cavoni, die von einem wappenbemalten Uhrturm geteilt wird, einige historische Bauwerke zu bieten. Der Palast, den sich *Andrea Doria* 1574–78 von Giovanni Ponzello errichten ließ, beherbergt das **Municipio** (Rathaus). Im Festsaal des *Piano Nobile* ist ein römisches Fußbodenmosaik des 3. Jh. n. Chr. aus schwarzen und weißen *Tesserae* eingelassen, das 1912 in Loano entdeckt wurde. Das der Vogelkunde gewidmete *Civico Museo Naturalistico* ist zzt. ausgelagert und soll an anderer Stelle wieder eröffnet werden. Erholsam ist schließlich ein Bummel durch den Stadtpark beim Castello Doria (17. Jh.).

Oberhalb der Via Aurelia liegt Richtung Finale der **Convento di Monte Carmelo**, der 1603–08 von Andrea Doria II. erbaut wurde (nach 1860 Militärkerker). Sein Adler taucht zusammen mit der Säule der Gemahlin Giovanna Colonna als heraldisches Symbol in den Sockeln der Altarsäulen auf. Ein Bruder der kleinen Karmeliter-Gemeinschaft zeigt die schlichten Gräber der Familie Doria (letzte Bestattung 1793).

Für entspannendes Flanieren eignet sich **Pietra Ligure** mit seinem Castello und dem weiten Domplatz, dessen Schmalseite von der 1750 begonnenen Kirche San Nicolò di Bari eingenommen wird.

Die Doppelgemeinde **Borgio-Verezzi** in Hügellage strahlt altmodische Beschaulichkeit aus. **Borgio**, auf einem 32 m hohen Fels westlich des Caprazoppa-Kaps gelegen, ragt wie eine Oase der Ruhe aus der wuchernden Strandbebauung auf. Am kieselgepflasterten, bühnenbildartig ansteigenden Kirchplatz lässt sich im Schatten der klassizistischen Hauptkirche **San Pietro** die Zeit verträumen. Ein Spaziergang führt zum Friedhof mit der Wallfahrtskirche Madonna del Buon Consiglio (auch San Pietro gen.), deren Glockenturm im 13. Jh. ausgeführt wurde. Das **Museo Grotte di Valdemino** (am Ostrand Borgios; Juni–Sept. tgl. 9.30– 11.30, 15–17.30 Uhr, Okt.–Mai Di–So Führungen um 9.30, 10.30, 11.30, 15, 16 und 17 Uhr) mit unterirdischen Seen kann an Faszination nicht ganz mit den Grotten von Toirano mithalten.

Im 200 m höher gelegenen **Verezzi** ist man dem Küstenrummel vollends entronnen. Von den vier *Frazioni* Poggio, Roccaro, Crosa und Piazza wird bevorzugt die letztere besucht. Die eng gedrängten Häuser der Via Roma geleiten zur **Piazza Sant'Agostino**. Hier ist Schauen angesagt – tagsüber auf das ferne Meer und die Mandel-, Johannisbrot- und Weinterrassen mit den eisgrauen Trockenmauern, abends auf die Lichter der Küstenorte – und im Sommer auf die Freilichtaufführungen der Theatertruppen (Festival in der ersten Augushälfte).

ℹ Praktische Hinweise

Information

IAT, Corso Europa 19, Loano,
Tel. 019 67 60 07, Fax 019 67 68 18

IAT, Via Matteotti 158, Borgio-Verezzi,
Tel./Fax 019 61 04 12

Restaurants

Da Virginia, Via Mazzini 70, Pietra Ligure, Tel. 019 61 57 55. Seit 1870 gibt's im Imbiss frische Kichererbsen-*Farinata* vom Holzbackofen – um 17 und 20 Uhr.

La Vecchia Trattoria, Via Rosa Raimondi 3, Loano, Tel. 019 66 71 62. Eines der besten Fischlokale Liguriens, warmer Tintenfischsalat mit Kartoffeln, *Branzino* (Wolfsbarsch) mit Artischocken, Scampi in Balsamessig (Di geschl.).

33 Albenga

Mittelalterliche Stadt der Türme.
Isola Gallinara

Albenga gehört zu den besterhaltenen mittelalterlichen Zentren Liguriens. Die in der Schwemmlandebene des Centa-Flusses gelegene, 21 000 Einwohner zählende Stadt konserviert bedeutende Zeugnisse aus Antike und Frühchristentum.

Geschichte Das antike **Album Ingaunum** war die Hauptstadt des mächtigsten ligurischen Volksstamms, der seefahrenden Ingaunen. Lange widersetzten sie sich im Bund mit dem griechischen Marseille und dem Karthager Hannibal dem römischen Vordringen, bis sie 181 v. Chr. unterworfen, aber politisch geschont

Albenga

Himmelhoch jauchzende Konstellation – die drei Stadttürme von Albenga

wurden. 45 v. Chr erhielten sie das römische Bürgerrecht und profitierten besonders von der Eröffnung der **Via Julia Augusta** 13 v. Chr., die von Vado in die Provence führte. Albigaunum, eine reiche Handelsstation auf dem Weg nach Gallien, wurde im 5. Jh. n. Chr. von Westgoten und Vandalen zerstört. General **Constantius**, Gatte der in Ravenna residierenden Kaiserin Galla Placidia, baute die Stadt wieder auf und schuf die Grundlage für das heutige Straßennetz. Wenige Jahre später (451) wurde der erste Bischof Quintius erwähnt. Nach der langobardischen Eroberung siechte die Siedlung dahin, ständig von den an der Côte d'Azur sitzenden Sarazenen bedroht. Nach deren Vertreibung erholte sich das mittelalterliche **Albingana**, wurde Hauptstadt einer eigenen Mark und erlebte 1050–1250 eine Blüte. Es nahm am 1. Kreuzzug teil und kämpfte im Bund mit Friedrich II. gegen **Genua**. 1251 musste es sich der Seerepublik unterordnen. 1815–63 brachte die Erhebung zur Provinzhauptstadt einen gewissen Aufschwung, heute spielt der **Tourismus** eine entscheidende Rolle für die lokale Wirtschaft.

Besichtigung Die wichtigsten Bauwerke Albengas liegen in unmittelbarer Nähe der **Piazza San Michele**. Hier erheben sich drei hohe romanische Ziegeltürme – ein beliebtes Fotomotiv: der zierlich dekorierte **Campanile** des Doms, links davon die **Torre del Comune** über der Loggia Comunale und gegenüber die schmucklose **Torre del Municipio** über dem Rathaus.

Der Boden der **Cattedrale San Michele** (1391–95) ist uralter Kirchplatz: Auf frühchristlichen Fundamenten entstand um 1100 eine romanische Basilika (Bogenreste im unteren Fassadenbereich), die nach

1270 gotisch erweitert wurde. Die spätere Barockisierung ist durch Restaurierungen in den 1960er-Jahren rückgängig gemacht worden – nur das **Hauptportal** legt Zeugnis über diese Bauphase ab. Der wuchtige **Innenraum** ist ein typisches Beispiel ligurischer Frühgotik, die auch im 13. Jh. im Wesentlichen an romanischen Standards wie festem ungegliedertem Mauerverbund und stämmiger Proportionierung der Säulen festhält, aber bereits den modischen Spitzbogen verwendet. Unter der mit einem Arkadenband (um 1300 stark restauriert, Rötelunterzeichnungen von Heiligen) geschmückten **Apsis** wurden Reste einer karolingischen Krypta ergraben. Im rechten Seitenschiff ist eine ›Kreuzigung mit den hll. Antonius Abbas und Johannes sowie einem Stifterbischof‹ (1528) von Cristoforo Pancalino bemerkenswert.

Einen der kunsthistorischen Höhepunkte Liguriens stellt das frühchristliche **Battistero** (um 420) dar, das sich hinter der Loggia del Comune befindet. Das **Civico Museo Ingauno** (Juni–Sept. Di–So 9.30–12.30, 15.30–19.30 Uhr, Okt.–Mai 10–12.30, 14.30–18 Uhr) im Palazzo Vecchio del Comune organisiert die geführte Besichtigung. In der Loggia sieht man römische Funde und ein Kreuzigungsfresko (15. Jh.). Man steigt zunächst auf das Bodenniveau des 5. Jh. hinunter (1 m über Meeresspiegel, häufiger Wassereintritt). Die von außen zehneckige zweistöckige *Taufkapelle* wird über vergitterte Fenster des 8. Jh. schwach erleuchtet. Im Durchgang befinden sich zwei *Arkosol-Gräber* mit langobardischen Flachreliefs (8. Jh.). Der achteckige **Innenraum** wird durch Fensternischen und bogenstützende Säulen aus korsischem Granit gegliedert. Die herumliegenden Amphoren waren einst zur Gewichtsminderung im (heute ersetzten) Kuppelgewölbe vermauert. In der Mitte steht das große *Becken* für die bis ins 13. Jh. übliche Ganzkörpertaufe. In der Mittelnische hat sich ein blau-goldenes **Mosaik** des 5. Jh. im ravennatischen Stil erhalten. Es zeigt um das Christogramm XP zwölf Tauben als Apostelsymbole sowie Lämmer, die ein edelsteingeschmücktes Kreuz *(Crux gemmata)* verehrungsvoll umstehen.

Ein unverfälscht mittelalterliches Ensemble stellt auch die **Piazzetta dei Leoni** hinter der Kathedral-Apsis dar, deren lombardische Zwerggalerie von Säulchen aus weißer *Pietra di Finale* gegliedert wird. Die drei Renaissance-Löwen aus Peperino-Tuff haben dem Platz seinen Namen gegeben. Hier erhebt sich auch die **Torre Costa**, deren Untergeschoss aus dem 12. Jh. stammt. Der Palazzo Costa del Carretto (1525) mit antiken Inschriften ist jetzt Bischofssitz. Dahinter, im ehem. Bischofspalast, enthält das **Museo Diocesano** (Kustodin des Museo Civico Ingauno öffnet) Handschriften, liturgisches Gerät, Gobelins und Gemälde, darunter eine ›Katharinenmarter‹ Guido Renis und einen Caravaggio zugeschriebenen ›Johannes d. T.‹.

Sehr lohnend ist auch das **Museo Navale Romano** (Juni–Sept. Di–So 9.30–12.30, 15.30–19.30 Uhr, Okt.–Mai 10–12.30,

Wie eine Makrone thront sie auf dem Meeresspiegel – die Insel Gallinara ist ein Vogelreservat

Albenga

Castelvecchio di Rocca Barbena – einer der kleinen Bergorte im Hinterland von Albenga

14.30–18 Uhr), das sich am anderen Ende der Piazza San Michele im etwas heruntergekommenen **Palazzo Peloso Cepolla** befindet. Hier ist ein Glücksfund der Unterwasser-Archäologie ausgestellt. Seit 1950 wurden vor der Insel Gallinara Teile eines 60 m langen römischen Frachtschiffs geborgen, das um 80 v. Chr. gesunken war. Zu seiner Ladung gehörten über 1000 Weinamphoren. Außerdem zeigt das Museum interessante Apotheker-Keramik.

Schließlich kann man noch einen Blick auf die alte Kirche **Santa Maria in Fontibus** (12. Jh.) rechts von der Kathedrale werfen, die im 17. Jh. barockisiert wurde. Für den ersten Altar links malte Orazio de Ferrari 1639 das Blatt ›Maria mit Kind und den Ärzteheiligen Kosmas und Damian‹.

Bei Streifzügen durch das *Centro Storico* lassen sich weitere Geschlechtertürme entdecken und die Ölmühle *Sommariva* am Rand der Altstadt (Via Mameli 7), die wegen ihres urtümlichen Ambientes einen Besuch lohnt.

Ausflug

Zur kleinen felsigen **Isola Gallinara**, ca. 1,5 km südlich der Centa-Mündung, fahren im Sommer Boote von Albenga und Alassio. Die von dichter Macchia überwucherte Insel ist *Naturschutzgebiet*. Antike Autoren führten den Namen Gallinara auf die dort lebenden wilden Hühner zurück. Die Kloster-Tradition der Quarzitinsel begründete der *hl. Martin von Tours* – sie bestand bis ins 15. Jh. Seit 1842 befindet sich Gallinara in Privatbesitz.

Praktische Hinweise

Information
IAT, Piazza Corridoni 11, Albenga, Tel. 01 82 55 84 44, Fax 01 82 55 87 40, www.inforiviera.it

Hotels
**La Collina, Via IV Novembre 7, Arnasco, Tel. 01 82 76 10 22, Fax 01 82 76 10 70. Familiäres, ruhiges und preisgünstiges Hotel in einem Bergdorf (8 km nördlich Albenga). Signora Ruggeri führt auch durch das angeschlossene Olivenmuseum der örtlichen Bauernkooperative.

Casa Cambi, Via Roma 42, Castelvecchio di Rocca Barbena, Tel. 018 27 80 09, Fax 01 05 30 67 45 www.casacambi.it. Eine Antiquitätenhändlerin vermietet 5 Zimmer in ihrem Landgut.

Restaurants
Antica Osteria dei Leoni, Via Lengueglia 49, Albenga, Tel. 0 18 25 19 37. Gepflegtes kleines Lokal gleich hinter dem Dom, das Fisch und Fleischspezialitäten anbietet (Mo geschl.).

Puppo Trattoria, Via Torlaro 20, Albenga, Tel. 0 18 25 18 53. Holzofenpizza in schnörkellosem Ambiente.

34 Alassio

Zarah Leanders Sandstrand.
Laigueglia

Einer der großen Badeorte der Riviera wurde Ende des 19. Jh. durch den deutschen Badearzt Schneer propagiert. Seitdem hat der lange, feine Sandstrand zahlreiche prominente Besucher angelockt, z. B. Beniamino Gigli und Ernest Hemingway. Zum deutschen Stammpublikum zählte Wundergeiger Helmut Zacharias.

Alassio gilt gewissermaßen als deutsche Gründung. *Adelasia*, Tochter des Sachsenkaisers Otto d. Gr., soll mit Aleramo, einem ›Latin Lover‹ des 10. Jh., hierher durchgebrannt sein. Später gehörte Alassio den Benediktinern von der Insel Gallinara, dann Albenga. Im 16. Jh. wurde der Ort freie Kommune und stellte sogar ein eigenes Flottenkontingent bei der Seeschlacht von Lepanto 1571.

Außer Strandspaziergängen zum ins Meer vorgebauten *Torrione della Coscia*, einem Wachtturm des 16. Jh., und zum **Capo Santa Croce** mit dem Jachthafen, bietet Alassio eine hübsche Altstadt mit schicken Boutiquen und einigen mondänen Cafés in den engen, *Budello* genannten Gassen parallel zum Meer. Wer hier ungeniert in Badehose und Bikini herumläuft, kann sich übrigens eine saftige Geldbuße einhandeln.

Die große Welt hat ihre Spuren am legendären **Muretto** hinterlassen: In dieses ›Mäuerchen‹ (Via Dante, bei der palmenbestandenen Piazza della Libertà) haben Stars wie Zarah Leander, Anita Ekberg und Louis Armstrong Keramik-Plaketten einmauern lassen. Darüber schmust ein bronzenes Liebespaar. Im August wird in Alassio das schönste Mädchen der Saison zur *Miss Muretto* gewählt.

Eine Straße weiter landeinwärts lockt der **Duomo Santo Ambrogio** mit einem in die historistische Fassade aus dem 19. Jh. eingebauten Schieferportal von 1511. Vom Innenraum führt links ein weiteres Schieferportal zum Katharinenoratorium. Hauptwerk ist eine ›Verklärung der Heiligen‹ von Antonio Maria Maragliano.

Im **Palazzo Morteo** (Via Gramsci 58, Juni–Sept. Fr–So 18–22.15 Uhr, Okt.–Mai Fr–So 15.15–17.45 Uhr) sind 22 Gemälde ausgestellt, die der Erfolgsautor Carlo Levi (›Christus kam nur bis Eboli‹) zwischen 1928 und 1972 in seinem Landgut bei Alassio malte, darunter die berühmte ›Johannisbrotbaumfrau‹.

Lohnend ist auch der knapp einstündige Spaziergang durch die nördlichen Panoramastraßen der Oberstadt zum romanischen Kirchlein **Santa Croce**, von dem aus man Reste einer Windmühle und das gleichnamige Kap sieht.

Der alte Korallenfischerort **Laigueglia**, heute fast mit Alassio verwachsen, bietet einen langen Sandstrand und eine ursprünglich erhaltene Altstadt. Für die Kirche San Matteo (18. Jh.) malte Bernardo Strozzi eine ›Himmelfahrt Mariens‹. Oberhalb, in dem Weiler **Colla Micheri**, fand der norwegische Kon-Tiki-Segler Thor Heyerdahl (geb. 1914) 1958 eine zweite Heimat.

ℹ Praktische Hinweise

Information

APT, Viale Gibb 26, Alassio, Tel. 01 82 64 71 1, Fax 01 82 64 46 90, www.inforiviera.it

IAT, Via Mazzini 68, Alassio,
Tel. 01 82 64 70 27, Fax 01 82 64 78 74

Hotels

*****Windsor**, Piazza XXV Aprile 7, Laigueglia, Tel. 01 82 69 00 00, Fax 01 82 69 00 22,

34 Alassio

www.thewindsorhotel.it. Altmodisches Strandhotel zum Wohlfühlen.
**Hotel Kon Tiki, Viale delle Palme 11, Alassio, Tel. 01 82 64 09 28, Fax 01 82 47 04 06, www.hotelkontiki-alassio.com. Ruhiger Familienbetieb.

Restaurants
Balzola, Piazza Matteotti 26, Alassio, Tel. 01 82 64 02 09. Plüschiges, von Maxim Gorki und dem italienischen Königshaus geschätztes Traditionscafé von 1902, Spezialitäten *Baci* (Küsse) *di Alassio* und *Pane del marinaio*. 1928 erster Importeur deutschen Bieres in Alassio.
Osteria Mezzaluna, Vico Berna 6, Alassio, Tel. 01 82 64 03 87. Abends Wein und Snacks.
Palma, Via Cavour 5, Alassio, Tel. 01 82 64 03 14. Für safrangewürzten *Ciuppin* (lig. Bouillabaisse), glasaalgefüllte *Pansoti*-Nudeln, Büffelmilchpudding und Michelin-Stern wird die Geldbörse schnell leerer (Mi und im Nov. geschl.).

Café
Café Mozart, Passeggiata Italia 3, Alassio, Tel. 01 82 64 40 33. Cooler Treffpunkt der Jeunesse dorée.

Oben: *Tretboot ahoi* – am Strand von Alassio wird so mancher Urlauber zum Kapitän
Unten: *Innamorati* – auf dem Muretto von Alassio schmecken Küsse aus Bronze offensichtlich auch nicht schlecht

Anmutige Haltung – die Altstadt von Cervo wird von der schönen, ungewöhnlich schlanken Fassade der Korallenkirche San Giovanni Battista beherrscht

35 Cervo

Korallenfischer und Kammermusik.

Diano Marina

Vor den blumengeschmückten Kulissen von Cervo gibt sich die Musikelite der Welt im Juli und August ein Stelldichein. Das 1964 von dem ungarischen Geiger Sándor Végh ins Leben gerufene **Internationale Kammermusik-Festival** genießt die szenographische Wirkung der emporgetürmten Stadt. Höhepunkte sind die Freiluft-Konzerte vor der steilen konkaven Fassade der Barockkirche **San Giovanni Battista** (1686–1722) auf der *Piazza dei Corallini*. Der Name erinnert an die einst hier blühende Korallentaucherei. Der ovale **Innenraum** der von Giovanni Battista Marvaldi geschaffenen Kirche weist auf das stilprägende Vorbild des piemontesischen Barock. Für den 4. Altar links schnitzte Antonio Maria Maragliano ein expressives Kruzifix.

Im Kastell erzählt das **Museo Etnografico del Ponente Ligure** (tgl. 9.30–12.30, 15.30–19.30 Uhr) von der Zeit, als Cervo noch ein reines Bauern- und Fischerdorf war. Einmalig dürfte die Sammlung historischer Korallenfischergeräte sein.

Diano Marina, nach dem Erdbeben 1887 großzügig wieder aufgebaut, kann mit Sandstränden, zahlreichen Hotels und guter touristischer Infrastruktur aufwarten. Durch die Oliven-Terrassen des Hinterlandes fährt man zu hübschen Dörfern wie Diano Castello und Diano Arentino.

i Praktische Hinweise

Information

IAT, Piazza S. Caterina 2, Cervo, Tel./Fax 01 83 40 81 97 (auch Festivalbüro), www.cervo.com

Unterkunft

Bellavista, Piazza Castello 2, Cervo, Tel. 01 83 40 80 94. Schlichte, zentrale Pension.

Corallini – das rote Gold

Die ergiebigsten **Korallenbänke** Italiens liegen heute noch vor Sardinien. Hier und an den korsischen Küsten gingen die Korallenfischer von Cervo im 17./18. Jh. ihrem einträglichen Gewerbe nach. Kleine **Fregatten** mit 7–9 Mann Besatzung fuhren im Sommer regelrecht zur ›Korallenlese‹. Misstrauisch wie Steinpilzsammler hatten sie eine Geheim- und Zeichensprache entwickelt, um die besten Bänke vor der Ausbeutung durch die Konkurrenz zu schützen. Besonders schonend waren die **Fangmethoden** nicht, man hieb mit dem sog. **Ingegno**, einem Metallkreuz, an dem ein Netz befestigt war, auf die Korallenäste. Die Erträge wurden nach **Genua** gebracht, das ein Ankaufsmonopol für das im Barock hochmodische Schmuckmaterial besaß.

Vom Erlös wurde ein Teil für den Bau von San Giovanni Battista abgezweigt. Die ›Chiesa dei Corallini‹ in Cervo ist mit rotem Gold bezahlt. Die Korallenfischerei kam um 1750 zum Erliegen, als Genua die Zölle auf Korallen drastisch erhöhte.

36 Imperia

Ölhandel und Walfahrten.
Oneglia – Porto Maurizio – Montegrazie – Dolcedo – Pieve di Teco

Die lang gestreckte Provinzhauptstadt mit dem stolzen Namen Imperia (41 000 Einw.) ist ein Zwittergebilde. 1923 wurde **Porto Maurizio**, mittelalterliches Zentrum auf einem Vorgebirge am Westrand der Stadt, mit **Oneglia** in der Ebene jenseits des Impero zusammengeschlossen – mit der Unterstützung Benito Mussolinis, der eine Zeitlang in Oneglia Französisch unterrichtet hatte. Der Viale Matteotti verbindet die allmählich zusammenwachsenden Zentren.

In Imperia dominiert nicht der Tourismus. Vielmehr bestimmt die Arbeitswelt der *Hafenanlagen*, auf denen u. a. die Produkte der lokalen Lebensmittelindustrie wie Olivenöl und Nudeln (Agnesi) exportiert werden, den Lebensrhythmus der verkehrsreichen Stadt.

Eine besondere Attraktion sind die ca. 5-stündigen **Walbeobachtungsfahrten** (Blu West, Tel. 01 83 76 93 64, www.whalewatch.it), die von Porto Maurizio bzw. Andora (bei Cervo) starten. Mit etwas Glück sichtet man Finnwale sowie Delfine.

Oneglia

Ein Muss ist der Besuch des 1993 als ›bestes Museum Europas‹ ausgezeichneten Museo dell'Olivo im sonst eher gesichtslosen Oneglia (Petrochemie). Das Städtchen wurde 1298 von zwei Brüdern des Genueser Kaufmannsgeschlechts der Doria erworben. Und hier kam später **Andrea Doria** (1466–1560), der bedeutendste Staatsmann Genuas, zur Welt. 1576 fiel die Stadt an Savoyen-Piemont, das als Binnenstaat diesen **Hafen** im 19. Jh. kontinuierlich ausbaute.

Im Zentrum, um die rechteckige **Piazza Dante**, gruppieren sich die lang gezogenen Kolonnadenstraßen des 19. Jh. mit guten Einkaufsmöglichkeiten (z. B. Via Bonfante). Manch einer reist eigens nach Oneglia, um sich in der renommierten *Enoteca Fratelli Lupi* (Via Monti 13) mit den Brüdern Angelo und Tommaso über ligurische und piemontesische Spitzengewächse zu unterhalten.

Ein paar Schritte weiter sollte man im *Forno dei due Amici* die frisch gebackene Lokalspezialität *Piscialandrea* probieren. Diese ligurische Variante der Pizza geht auf die provenzalische *Pissaladière* (mit Zwiebeln, Oliven und Sardellen belegter Backfladen) zurück – auch wenn man in der Heimatstadt Andrea Dorias darauf schwört, dass es die ›Pizza Andreas‹ sei.

Parallel zum Meer verläuft die heruntergekommene Via Doria mit dem wenig ansehnlichen **Palazzo Doria**, dem Geburtshaus Andrea Dorias. In diesem Altstadtquartier steht auch die Barockkirche San Giovanni Battista. Am Westende des

Oneglias Piazza Dante: Unter den Kolonnaden verführen viele Läden zum Einkaufsbummel

Das idyllisch anmutende Porto Maurizio gilt als Imperias bessere Hälfte

Hafens erinnert die **Piazza de Amicis** an den beliebten Kinderbuchautor, Garibaldiner und Sozialisten Edmondo de Amicis (1846–1908, Hauptwerk ›Cuore‹, ›Herz‹) aus Oneglia.

Am östlichen Ortsrand Richtung Capo Berta kann man einen Blick auf die schwülstige, indisch angehauchte **Villa Grock** werfen, die sich der Schweizer Clown Adrien Wettach, gen. Grock, errichten ließ.

Nördlich des Bahnhofs auf dem Werksgelände der Firma Carli in der Via Garessio liegt das sehenswerte **Museo dell'Olivo** (Mo–Sa 9–12.30, 15–18.30 Uhr, www.museodellolivo.com). Die päpstlichen Olivenöl-Lieferanten haben hier ein hochmodernes und unterhaltsames Museum geschaffen, das Technik, Geschichte und Kultur des Olivenanbaus beleuchtet. Vom Salböl bis zur Medizin, von historischen Ölkrügen bis zu Rezepten ist alles zum Thema Oliven dokumentiert. Im Museumsshop kann man u. a. interessante Schnitzereien aus Olivenholz kaufen.

TOP TIPP

Porto Maurizio

Der enge und verschachtelte Hafenort auf dem 47 m hohen Parasio-Hügel wurde schon von den Byzantinern im 6. Jh. erwähnt. Um 1100 errang die Stadt völlige kommunale Freiheit, musste sich aber 1184 Genua unterordnen. Dafür wurde sie 1241 Hauptstadt der westlichen Riviera und knüpfte Handelskontakte bis in den Orient. 1861 bestätigte das neu gegründete Königreich Italien ihren wirtschaftlichen Rang und erklärte sie zur Provinzhauptstadt.

Das Zentrum der Altstadt bildet der weite Domplatz mit der monumentalen **Cattedrale San Maurizio**. Sie wurde 1781 von Gaetano Cantoni im klassizistischen Stil begonnen und nach dem Einsturz der Kuppel 1821 erst 1838 vollendet. Die Kuppel-Notlösung – man setzte eine leichtere Konstruktion direkt auf den Tambour auf – stört im **Inneren** die Harmonie der Proportionen. Gleichwohl imponiert die stilistische Geschlossenheit des Doms. Inmitten der Ausstattung aus dem 19. Jh.

wirkt allerdings die Barock-Kanzel aus dem Vorgängerbau wie ein Fremdkörper. Vis-à-vis beherbergt der ehem. Rathauspalast zwei Museen. Die **Pinacoteca Civica** (Mi, Sa 16–19 Uhr) enthält ligurische Malerei des 19. Jh., das kleine **Museo Navale Internazionale del Ponente Ligure** (Mi, Sa 16–19 Uhr) bietet eine interessante Sammlung nautischer Erinnerungsstücke.

Die Via Domenico Aquarone führt zur steil verschachtelten Oberstadt des **Parasio-Hügels**, dessen Gebäudebestand bis ins 14. Jh. zurückreicht. Mit seinen Pizzerien ist er ein beliebter abendlicher Treffpunkt. Der Name leitet sich vom ehem. Palast (lig. *Paraxu*) des genuesischen Gouverneurs ab. Lohnend ist der Blick von der Terrasse der Kirche **San Pietro** (12.–18. Jh.) oder von der angrenzenden Loggia des **Convento di S. Chiara**. Anschließend kann man sich in der historischen *Pasticceria Franchiolo* (Via F. Cascione 14) bei einem köstlichen Cappuccino erholen.

Ausflüge

In **Montegrazie** (9 km) wandert man durch Ölberge zur Wallfahrtskirche **Nostra Signora delle Grazie**, die 1450 in romanisierenden Formen (Spätstil) errichtet wurde. Die *Fresken* von Matteo und Tomaso Biazaci (1483) schildern die Schrecken des ›Jüngsten Gerichts‹.

Zu einem begehrten Zweitwohnungsdomizil hat sich **Dolcedo** (11 km) entwickelt. Der 1292 von den Maltesern errichtete *Ponte Grande* über den Prino ist wie die Barockkirche *San Tommaso* (1738) ein beliebtes Fotomotiv. Vom Vorgängerbau sind das Renaissanceportal und Gemälde Luca Cambiasos erhalten. Der Kirchplatz stellt ein schönes Beispiel schwarz-weißen ligurischen Kieselmosaiks dar. Unter der Loggia del Comune sind wappengeschmückte Maßgefäße von 1613 eingelassen – damals erhielt der Ort das Marktrecht.

Wer weiter bis ins Arroscia-Tal fährt, kann mit **Pieve di Teco** eine einst wohlhabende Handwerkerstadt erleben, die von der alten Salzroute über den Nava-Pass nach Piemont profitierte. Vor allem handgefertigtes solides Schuhwerk wurde einst unter den Laubengängen des zentralen *Corso Ponzoni* genäht und genagelt. Die Werkstatt von *Aldo Fassone* (Via Mazzini 4) setzt dieses vom Aussterben bedrohte Handwerk fort. Auf dem Bummel zum Dom **San Giovanni Battis-**

Liguriens Öl- und Olivenkultur

Drei Regionen wetteifern um den Ruf, das edelste Olivenöl Italiens zu produzieren: Umbrien, die Toskana und – unterstützt von der Autorität des ligurischen Gastropapstes **Luigi Veronelli** – die italienische Riviera. In nördlicher Hanglage bis ca. 600 m Höhe gewachsene Oliven sollen ein Öl mit zarterem **Aroma** hervorbringen als die satten süditalienischen Bäume. Wichtig ist natürlich auch die Behandlung: In Ligurien werden nach wie vor die

besten Ölsorten in den Reifemonaten November bis Februar von Hand oder mithilfe hölzerner Kämme geerntet. Im traditionellen **Frantoio**-Verfahren werden die Früchte mitsamt Kernen in den Ölmühlen kaltgepresst, filtriert und anschließend zentrifugiert. Für das so gewonnene **Olio extra vergine a spremitura fredda** sind direkt beim Erzeuger – je nach Lage und Qualität – Preise von 10 bis 25 € pro Liter üblich. Eine lohnende Ausgabe, denn Olivenöl schmeckt nicht nur köstlich, es senkt z. B. auch das Herzinfarkt-Risiko.

Da Ligurien in den letzten Jahren konsequent auf **Qualität** statt Masse gesetzt hat, sind die Erträge auf 70 000 Zentner jährlich zurückgegangen. Zentrum des Öl-Handels ist **Imperia**, dessen Hafen auf eine lange Tradition in der Verschiffung feinsten ligurischen Olivenöls zurückblicken kann.

Rührstück für die Ladies

Alle schreiben davon, doch nur wenige lesen noch Giovanni Ruffinis Bestseller **Il Dottor Antonio** von 1855. Dabei war die unerfüllte Liebesgeschichte, die Ruffini im Exil in **Edinburgh** veröffentlichte, eines der Lieblingsbücher englischer Ladies im 19. Jh.: Ein Kutschen-Unfall an der Riviera führt die zarte Miss **Lucy Davenne** und ihren Retter, den wie ein Bandit aussehenden, doch edlen und patriotischen **Landarzt** Antonio zusammen. Dank seiner ärztlichen Autorität überzeugt er den zähneknirschenden hochadligen Vater Lucys, Sir John, davon, zur Heilung seiner Tochter einen Monat in einer einfachen Osteria in **Bordighera** auszuharren. Für Lucy ist dies die glücklichste Zeit ihres Lebens. Denn die Patientin verliebt sich in den verliebten Arzt, besonders nachdem er für die zarte Britin eigens an ihrem Krankenbett die Butterflasche geschüttelt und Tee aufgetrieben hat. Nur ungern scheiden Vater und Tochter schließlich aus der ländlichen Idylle. Lucy heiratet einen prominenten englischen Politiker und bleibt doch innerlich unausgefüllt. Nach dem Tod ihres Mannes eilt sie im **Revolutionsjahr** 1848 schwerkrank nach Bordighera, doch Antonio kämpft inzwischen in Neapel für Italiens Freiheit. Lucy folgt ihm. Nach kurzem gemeinsamen Glück wird er in den Kerker von **Ischia** geworfen. Lucy verhaucht ihre Seele, als sie erfährt, dass ein Befreiungsversuch ihres Geliebten vereitelt wurde.

:information_source: Praktische Hinweise

Information
IAT, Viale Matteotti 37, Imperia, Tel. 01 83 66 01 40, Fax 01 83 66 65 10

Hotel
** **Albergo Italia da Edy**, Viale Matteotti 29, Imperia, Tel./Fax 018 36 18 67. Einfaches und günstiges Haus, in dem auch Hunde willkommen sind.

Restaurants
Aü Braje, Via Carducci 63, Porto Maurizio, Tel. 018 36 51 41. Solide, rustikale Pizzeria in der Oberstadt (Mi geschl.).

Osteria dell'Olio Grosso, Piazza Parrasio 36, Porto Maurizio, Tel. 018 36 08 15. Spezialitäten vom Holzkohlengrill, Abendtreff (Mo geschl.).

37 Taggia

Idyllische Bergstadt mit Laubengassen und einem Kloster voller Kunst. Ausflüge ins Tal des Argentina.

Badalucco – Triora – Verdeggia – Monesi

Besonders reizvoll präsentiert sich Taggia am 3. Sonntag des Monats, wenn unter den Lauben der **Via Soleri**, gen. *U Pantan*, Antiquitätenmarkt gehalten wird. Aber auch sonst gleicht die Stadt, die schon im 10. Jh. durch Öl- und Mandelhandel groß wurde, einem Freilichtmuseum. In vielen Straßen wie der *Via Lercari* lassen sich die typisch ligurischen Schieferportale mit Wappen und Heiligenreliefs studieren – wenn auch die Soldateska Napoleons an einigen ihre Wut ausgelassen hat. Der Dom **SS. Giacomo e Filippo**, angeblich nach einem Entwurf Gian Lorenzo Berninis 1675–81 erbaut, enthält (in der 4. Kap. rechts) eine Marienstatue des einheimischen Bildhauers Salvatore Revelli, die bereits viermal – 1865, 1941, 1956 und 1996 – die Augen verdreht haben soll.

Interessanter ist die altehrwürdige Benediktinerkirche **Santa Maria del Canneto** am Nordrand der Stadt, die von Zypressen und *Taggiasca*-Oliven beschirmt wird. Der romanische *Campanile* mit drei Fenstergeschossen läuft nach ligurischer Sitte in einer Pyramidenspitze aus. Neben einer *Krypta* des 12. Jh. sind in diesem Gotteshaus *Fresken* Giovanni Cambiasos sehenswert.

ta (1782–1806) kann man die Wappen und Heiligenfiguren der zahlreichen Schieferportale studieren. Die beiden Klöster Pieves dienen heute weltlicher Unterhaltung: In das Augustinerinnenstift am Corso Ponzoni ist das Stadttheater eingezogen und im weiten Kreuzgang des Augustinerstifts (am Ortsrand) findet eines der ligurischen Klassikfestivals statt.

In **Vessalico**, 3 km östlich Imperia, wächst Italiens berühmtester Knoblauch. Für den violetten *Aglio di Vessalico* ist sogar eine EU-Schutzmarke (DOP) eingetragen.

In der Nähe wuchs der Patriot **Giovanni Ruffini** (1807–1881) auf, der das Textbuch für Gaetano Donizettis Oper ›Don Pasquale‹ verfasste und mit seinem englischen Roman ›Il Dottor Antonio‹ ab 1860 die Rivieramode auslöste.

Der bedeutendste Sakralbau Taggias liegt etwas außerhalb am südlichen Ortsrand: Das 1469 begonnene **Kloster San Domenico** (Mo–Mi, Fr, Sa 9–12, 15.30–17 Uhr) entwickelte sich zum führenden westligurischen Kultur- und Kunstzentrum. Es bewahrt noch heute ansehnliche Teile der früheren Ausstattung. Die vorbildlich restaurierte **Kirche** mit aufgemalter schwarz-weißer Bänderung beherbergt eine *Pinakothek* ligurischer Renaissance-Malerei, darunter zahlreiche Werke ihres Hauptmeisters **Ludovico Brea** aus Nizza. 1483 entstand das vergoldete Retabel des *Hochaltars* mit einer Schutzmantelmadonna, den Aposteln Johannes und Jakob sowie Dominikanerheiligen in typischer Ordenstracht. In Zusammenarbeit mit Antonio Brea entstand 1495 der Flügelaltar mit der ›Taufe Christi‹ in der linken Chorkapelle – Geduldige können 39 Heilige zählen. Den weicheren Altersstil des Meisters zeigt die Rosenkranzmadonna (2. Kap. rechts). Im **Kreuzgang** gedeiht um den zentralen Olivenbaum ein üppiger Blumenflor.

Zum Abschied von Taggia ist noch ein spektakuläres technisches Bauwerk angesagt: Die mittelalterliche **Brücke** von Taggia über den *Argentina* überspannt mit ihren 16 Bögen (davon zwei romanisch) nicht weniger als 260 m und ist seit 1450 in Betrieb.

Ausflüge

Nicht nur Bergsteiger und Naturfreunde wird es ins obere **Argentina-Tal** ziehen. **Badalucco** mit z. T. mittelalterlichen Brücken hat am Wochenenden ein treues ligurisches Stammpublikum, das wegen der *Wildspezialitäten* oder *Rundin*-Bohnen die Trattorien frequentieren. Eine andere (Winter)-Spezialität ist *Stockfisch*, der bei einer Sarazenen-Belagerung die Bewohner vor dem Hungertod gerettet haben soll. In der ›Städtepartnerschaft‹ mit den norwegischen Lofoten, von wo der beste *Stoccafisso* auf die italienischen Märkte geliefert wird, bleibt diese Tradition lebendig. Ein Geheimtipp der Rauchkultur ist schließlich *Giordano* (Strada Poggio 25, www.giordano pipe.it), der selbst gefertigte Bruyère-Holzpfeifen verkauft.

Vorbei an Montalto Ligure, Heimatort der Malerfamilie der Brea, erreicht man **Molini di Triora**, das an einer alten Salzstraße zur Poebene lag. Hier, wo einst

Grünes Ligurien – Landwirtschaft in Terrassen bei Triora

37 Taggia

23 Mühlen mahlten und man Kichererbsen- und Kastanienmehl kaufen kann, werden am letzten Septembersonntag bei der **Sagra delle Lumache** Unmengen von Schnecken vertilgt – die Spezialität des Dorfes.

In halbverlassenen knorrigen Partisanenorten wie **Triora** spürt man die generationenlange Abwanderung der Jungen, den Exodus Richtung Küste. Immer noch wird hier ein berühmtes kräftiges Bauernbrot (*Pane di Triora*) gebacken. Im **Museo Etnografico Alta Valle Argentina** (Mo–Sa 14.30–18 Uhr, So 10.30–12, 14.30–18 Uhr) wird über den *Maxiprocesso* von 1587 gegen 200 Hexen aus Triora berichtet, dessen makabre Wirkung sich heute in Hexensouvenirs, Hexenkongressen und Hexentourismus bemerkbar macht. Auch angebliche Schauplätze des Hexenwahns wie La Cabotina werden gezeigt. Von **Verdeggia** aus lässt sich schließlich in 3,5 Std. der höchste Gipfel Liguriens, der **Monte Saccarello** (2200 m) erklimmen.

Das an der Grenze zu Piemont gelegene **Monesi** hat die Hexen als Werbeträger erkannt und wirbt mit Stickern Ski fahrender *Streghe* für seine drei bis in den März schneesicheren Lifte.

Praktische Hinweise

Information
IAT, Via Boselli, Arma di Taggia, Tel. 018 44 37 33, Fax 018 44 33 33

Unterkunft
Albergo Santo Spirito, Piazza Roma 21, Molini di Triora, Tel. 018 49 40 19, Fax 018 49 40 92, www.ristorantesantospirito.com. Traditionsreiches Haus mit vorzüglicher Halbpension.

Convento San Domenico, Piazza B. Cristoforo 6, Taggia, Tel. 01 84 47 62 54, www.domenicanitaggia.org. Schlafmöglichkeit für Geistliche, Ordensbrüder und Laien (Voranmeldung). Einzelgäste speisen mit der dominikanischen Mönchsgemeinschaft, auf Anfrage Meditationskreise.

Rifugio Verdeggia, Verdeggia, Tel. 01 84 9 41 41. Alpenvereinshütte mit 10 Betten für Selbstversorger.

Restaurant
Canon d'Oro, Via Boeri 32, Badalucco, Tel. 01 84 40 80 06. Zicklein in Weißwein, Wildschwein, Stockfisch (auf Vorbestellung) und Hauswein (Mo geschl.).

38 San Remo *Plan Seite 110*

Die Königin der Blumenriviera – auf den Spuren der großen touristischen Vergangenheit mit Kasino und Palmenkorso.

Bussana Vecchia – Coldirodi

Der winterliche *grand tourisme*, die kaiserlichen Kurgäste, die spielwütigen russischen Großfürsten, die Britenkolonie

Schaurige Vergangenheit: Triora in hexenhafter Beleuchtung

San Remo

Frühling für alle – die Primavera von San Remo mit üppigem Pflanzenbouquet

haben den **Mythos** von San Remo begründet – und prägen die Stadt noch heute. Der palmenbestandene Corso Imperatrice mit dem **Grand Hotel Londra** (1860), dem ältesten Touristenhotel der Riviera, verspielte Villen wie die von Alfred Nobel und nicht zuletzt das legendäre **Casinò** künden von mondäner Noblesse vergangener Zeiten, ziehen aber auch heute noch modische Extravaganz an. Trotz aller Verstädterung (50 500 Einw.) blieb die Altstadt Pigna unangetastet. Die Königin der **Riviera dei fiori** (Blumenriviera) lebt nicht nur vom leicht zurückgehenden Tourismus, sondern ist der größte Blumen-Umschlagplatz Italiens. Jeden Februar gibt es einen Blumenkorso und mit Blütenkränzen und Bouquets wird nicht nur beim *Festival di San Remo* im Februar der italienische Schlagerstar der Saison, sondern auch im März der *Radchampion* der Tour Milano–San Remo überhäuft.

Geschichte Das seit der Steinzeit besiedelte Areal erhielt seinen heutigen Namen von einer Burg, die nach dem genuesischen Bischof *S. Romolo* benannt wurde. 1361 konnten sich die Bewohner von der Lehnsherrschaft der **Doria** freikaufen und blieben als selbstständige Stadt im genuesischen Staatsverband. 1543 und 1544 versuchte der islamische Pirat Chaireddin Barbarossa, San Remo zu attackieren, 1745 wurde die Stadt von englischen Kriegsschiffen bombardiert. Ein *Aufstand* gegen die genuesische Missverwaltung wurde 1753 niedergeschlagen. Anfang des 19. Jh., als die Uferstraße nach Nizza ausgebaut wurde, war San Remo ein bedeutender Umschlagplatz für *Zitrusfrüchte*. Wichtiger aber wurde der **Tourismus**: In dem Bestseller ›Il Dottor Antonio‹ (1855) von Giovanni Ruffini [s. S. 106] war auch das milde Winterklima San Remos gepriesen worden: Der Ansturm begann, noble Gäste folgten. Allen voran 1874 und 1875 die Zarin Maria Alexandrowna, Gemahlin Alexander II., die die Palmen für den *Corso Imperatrice* stiftete, und der schon schwerkranke deutsche

San Remo

Kronprinz Friedrich Wilhelm, der spätere 99-Tage-Kaiser. 190 Luxusvillen und 25 Hotels wurden 1874–1906 errichtet. Nach dem Ersten Weltkrieg gab sich die Diplomatie ein Stelldichein: Die **San-Remo-Konferenz** der Siegermächte bestand 1920 auf der genauen Einhaltung der umstrittenen Versailler Verträge. Drei Jahre später wurde auf Kuba der Romancier **Italo Calvino** (1923–1985) geboren, der in San Remo aufwuchs. Der Umstieg vom Nobel- zum *Massentourismus* hat seit den 1960er-Jahren in San Remo zu manchen Einbrüchen geführt. Dennoch zählt der Ort noch heute über 1 Mio. Übernachtungen pro Jahr.

Besichtigung Am Fuß der Altstadt liegt der Kathedralkomplex. Der romanisch-frühgotische **Duomo San Siro** ❶ wurde von lombardischen Steinmetzen im 13. Jh. über einem Vorgängerbau errichtet und nach den Bombenschäden von 1745 durchgehend barockisiert. Wie so oft in Ligurien entfernte man diese Zutaten um die Wende zum 20. Jh. An der *Fassade* (1903) ist lediglich die Fensterrose original erhalten. Der im 18. Jh. zerstörte Campanile hingegen wurde 1947 in Barockbeton rekonstruiert. Bemerkenswert am Außenbau sind einige romanische *Reliefs* wie das Lamm Gottes mit zwei Palmen über dem linken Seitenportal. Der frühgotische **Innenraum** mit seinem offenen Dachstuhl enthält zwei Schnitzereien *Antonio Maria Maraglianos*: ein Kruzifix auf dem Hauptaltar und eine ›Madonna del Rosario‹ in der linken Chorkapelle. Für die rechte Chorkapelle malte der Toskaner Pancalino 1548 fünf Heilige, darunter Syrus und Romulus. Besonders von Seefahrern angefleht wird das *schwarze Kruzifix* im rechten Seitenschiff.

Links neben dem Dom steht das **Battistero** ❷, ein Zentralbau, der 1668 durch Umgestaltung einer romanischen Kirche entstand. Es schließt sich die **Casa dei Canonici** ❸ mit einem teilweise erhaltenen

San Remo

The more, the merrier – die Verstädterung San Remos schreitet deutlich voran

Kreuzgang (12. Jh.) an. Gegenüber der Domfassade befindet sich das **Oratorio dell'Immacolata Concezione** ❹ aus dem 16. Jh. mit üppigen Marmorintarsien und einem Gemäldezyklus des Marienlebens. In unmittelbarer Nähe liegt die quirlige **Piazza Eroi Sanremesi** ❺, nebenan befindet sich die moderne Markthalle. Der früher berühmte *Blumengroßmarkt* ist vor einigen Jahren aus der Stadt in eine moderne Großmarkthalle in Autobahnnähe (Richtung Arma di Taggia, Hauptbetrieb 5 Uhr früh) verlegt worden, sodass der Duft der Strelitzien, Orchideen, Gladiolen und Kamelien verweht ist, die hier einst verpackt wurden.

Nun führen enge, z. T. übermauerte Gassen in die gestaffelte Oberstadt, die **La Pigna** ❻ (Pinienzapfen) genannt wird. Die Wallfahrtskirche der **Madonna della Costa** ❼ (1630, Kuppel 1725) beherrscht dieses Viertel. Das Gnadenbild im Inneren schuf 1401 Niccolò da Voltri.

Wieder in der Unterstadt, lohnt ein Bummel über die Einkaufsstraße *Corso Matteotti*. Hier ist im Palazzo Borea d'Olmo das **Museo Archeologico** ❽ (Di–Sa 9–12 und 15–18 Uhr) untergebracht, das urgeschichtliche und antike Funde der Umgebung dokumentiert. Aus der Ära des Art déco haben die zwei Lichtspieltheater *Cinema Sanremese* und *Cinema Tabarin* überlebt (Corso Matteotti 200 bzw. 107). Am westlichen Ende des Corso strahlt das weiße **Casinò Municipale** ❾ (tgl. 14.30–2 Uhr Spielbetrieb, Eintritt ab 18 Jahre, Ausweispflicht, www.casinosanremo.it), in einem etwas behäbigen Jugendstil (*Stile Liberty*) 1904–06 von Eugenio Ferret errichtet. Neben Venedig, Campione d'Italia und S. Vincent im Aosta-Tal ist es der vierte und prominenteste **Roulette-Tempel** Italiens. Mit 360 000 Gästen im Jahr kann San Remo an Umsätzen nicht ganz mit dem elitären Monte Carlo mithalten. Zurzeit wird nach Croupier-Skandalen eine *Privatisierung* eingeleitet. Im Garten des Kasinos fallen Bananenstauden und eine *Büste* vom Festival-Stammgast Louis Armstrong auf.

Seit 1951 wird im Kasino jeden Februar beim **Festival di San Remo** der Schlager der Saison gekürt. Die erste Gewinnerin, Nilla Pizzi, bezauberte mit ihrem Lied ›Grazie dei fiori‹ (Danke für die Blumen) nicht nur die blumenstolze Stadt. Im Jahr 1954 kam dann noch das erste europäische **Jazzfestival** dazu.

Wer wagt gewinnt – das Casinò von San Remo kann über Nacht reich machen

Zwiebeltürmchen der russisch-orthodoxen Kirche San Basilio in San Remo

Gleich links neben dem Kasino erinnert die russisch-orthodoxe Kirche **San Basilio** ❿ (Di–So 9.30–12.30 und 15–18.30 Uhr) von 1910 an die vielen adligen **Russen**, die vor dem Ersten Weltkrieg die Riviera bevölkerten. Seit dem Ende der Sowjetunion haben sie übrigens Nachfolger gefunden: Viele Riviera-Hotels preisen sich glücklich ob der russischen Neureichen, die Traditionsorte wie San Remo bevorzugen, um hier ihre Rubel rollen zu lassen. Mit seinen *Zwiebeltürmchen* stellt das Gotteshaus eine Art Miniatur- und Märchenausgabe der Moskauer Basilius-Kathedrale auf dem Roten Platz dar. Im eher kargen **Inneren** lagen bis 1989 die letzten *Exilkönige* von Montenegro bestattet, die mit dem italienischen Königshaus verschwägert waren.

Schon z. T. etwas angegraute Hotelpaläste säumen die Pracht- und Palmenallee San Remos, den **Corso Imperatrice** ⓫. Im Parco Marsaglia spielt an Sommerabenden unter tropischen Blütenbäumen das *Symphonie-Orchester* von San Remo. Die am Ende des Corso zwischen Rosen, Bananen und Palmen stehende Jugendstilstatue der verzückt tanzenden

Primavera ist als ewiger Frühling zum Sinnbild des Urlaubsortes geworden. 300 Sonnentage respektive 2600 Sonnenstunden garantieren die ›ewige Saison‹.

Geradeaus lässt sich allerlei englisches Lokalkolorit entdecken, etwa die anglikanische Kirche *All Saints*, der *Corso degli Inglesi* und der traditionsreiche *Tennis and Bridge Club*.

Am entgegengesetzten Ende San Remos steht die neomaurische **Villa Nobel** ⑫ (Di–Fr 11–12.30 Uhr, Führungen Sa 11, So 15 und 16 Uhr), in der der schwedische Dynamit-Baron *Alfred Nobel* von 1890 bis zu seinem Tode 1896 lebte und die Statuten für den Nobelpreis festlegte. Natürlich hatte sich der *Erfinder* in dem Haus, dessen Eckturm ganz ligurisch mit Muscheln eingelegt ist, auch ein Chemielabor einrichten lassen.

In den weitläufigen Gärten der öffentlichen **Villa Ormond** ⑬ kann man sich zum Abschluss der Besichtigung der Kunst des ›Dolcefarniente‹ (süßen Nichtstuns) hingeben.

Ausflüge

TOP TIPP Seit den 1960er-Jahren sind die Ruinen von **Bussana Vecchia**, das 1887 durch ein Erdbeben zerstört wurde, von einer internationalen **Künstler-Gemeinde** bewohnt und so vor dem endgültigen Verfall bewahrt worden. Hinter zusammengestürzten Mauern sind *Atelier-Wohnungen* entstanden. In den Werkstätten, von deren Erlös das bunt zusammengewürfelte Völkchen lebt, kennt man keine Berührungsängste mit dem Kitsch. Bohemienhaft-alternativ geht es in den langen heißen Sommernächten zu, wenn die Musik spontaner *Atelierfeste* durch die windschiefen Gassen dröhnt. Besonders eindrucksvoll ist die eingestürzte barocke **Kirche**, in die die neuen Bewohner Bussanas kuriose Mobiles eingehängt haben.

Es gibt keine Busverbindung nach Bussana und wegen Parkplatzmangel artet die Anfahrt im Sommer oft zu einem Verkehrschaos aus.

In **Coldirodi** oberhalb von Ospedaletti ist die bescheidene *Pinacoteca Rambaldi* (Mo–Fr 9.30–12.30, Mi 14.30–16.30 Uhr) mit einigen interessanten Werken der toskanischen und ligurischen Schule zu besichtigen.

Der klassische Ausflug für Spielhaie, der Bootstrip nach **Monte Carlo**, führt bereits ins Ausland, das allerdings noch immer von einer genuesischen Sippe, den Grimaldi, regiert wird.

ℹ Praktische Hinweise

Information
APT, Largo Nuvoloni 1, San Remo, Tel. 0 18 45 90 59, Fax 01 84 50 76 49, www.rivieradeifiori.org

Bussana Vecchia – die Geisterstadt wurde durch Kunst-Zauber wieder belebt

San Remo

Für Zaren wäre es immer noch angemessen – das Royal Hotel in San Remo

Hotels

*******Royal Hotel**, Corso Imperatrice 80, San Remo, Tel. 01 84 53 91, Fax 0 18 46 14 45, www.royalhotelsanremo.com. Ein über 100-jähriges Spitzenhotel mit Palmen und Pools, Meerwasserschwimmbad.

******Hotel Villa Mafalda**, Via Nuvoloni 18, San Remo, Tel. 01 84 57 25 72, Fax 01 84 57 25 74. Jugendstil und Palmen in der kasinonahen Villa Mafalda.

Romantik in Ruinen – die Kathedrale von Bussana Vecchia bröckelt weiter …

Restaurants

Bacchus, Via Roma 65, San Remo, Tel. 01 84 53 09 90. Alteingesessene *Enoteca* mit sachlich-moderner Einrichtung. Spitzenweine und Grappa glasweise. Auch Mittags-Imbiss (So geschl.).

Il Bagatto, Via Matteotti 145, San Remo, Tel. 01 84 53 19 25. Fein, ruhig, teuer – bis auf das empfehlenswerte günstige Degustationsmenü. Französische Käsesorten zur Auswahl (So geschl.).

Le Cantine Sanremesi, Via Palazzo 7, San Remo, Tel. 01 84 57 20 63. Einfache Gerichte wie *Torta verde* (grüne Gemüsetorte) und einfacher Wein (Mo geschl.).

Mini Bar Antonio, Corso Trento e Trieste 17, San Remo, Tel. 01 84 50 55 09. Kiosk an der Uferpromenade mit solider Familienküche, sehr beliebt bei den Einheimischen (Mo geschl.).

Pasticceria San Romolo, Via Carli 6, San Remo, Tel 01 84 53 15 65. Feines Backwerk und Pralinen in altpiemonteser Eleganz, die *Romoletti* (Walnuss mit *Limoncello* und Trüffelschokolade) sind ein Genuss.

39 Bordighera

Die große alte Dame des Tourismus.

Ospedaletti – Vallecrosia

In Bordighera begann es. Angezogen durch den Moderoman ›Il Dottor Antonio‹ [s. S. 106], den der Exilligurer Giovan-

Blühende Bargeschäfte

Julien & Bessi, die erste **Blumen-Spedition** der Welt, entstand am 3. Mai 1874 durch ein schlichtes Bar-Gespräch in Ospedaletti. Der Pariser Tuchhändler Julien, den morgendlichen Bitter nippend, traf seinen einheimischen Freund Luigi Bessi, der einen Blumenstrauß nach Hause trug. »Die würden in Paris heute Morgen viel Geld bringen«, meinte Julien leichthin. »Wie viele soll ich dir an welche Pariser Adresse schicken?« war die Antwort. Der Blumenhandel war geboren. Und noch vor San Remo wurde in Ospedaletti im Jahre 1894 der erste **Blumengroßmarkt** eröffnet.

---

ni Ruffini 1855 im fernen Edinburgh in Druck gab, reisten ungezählte **Briten** an den Schauplatz mit seinem milden Klima. Viele blieben jahrelang – um 1900 lebten in Bordighera mehr Engländer als Einheimische. Aber auch **Prominente** wie die italienische Königin Margherita, Louis Pasteur und Claude Monet (»Diese Palmen machen mich verrückt«) zeigten sich vom Ambiente beeindruckt. Die Fremdenkolonie ist heute zwar stark geschrumpft, doch besitzt der feine, ruhige **Villen-** und **Kurort** noch immer ein distinguiertes, nunmehr italienisches Stammpublikum. Schließlich ist man auch päpstlicher Hoflieferant für echte Palmwedel, die aus der hier gedeihenden *Dattelpalme* geschnitten werden. Das Privileg geht auf die Zivilcourage eines Arbeiters aus Bordighera zurück, der 1586 bei der ersten modernen Wiederaufrichtung eines Obelisken auf dem Petersplatz in Rom anwesend war. Obwohl das Sprechen während der Arbeit bei Todesstrafe verboten war, schrie er geistesgegenwärtig »Wasser auf die Seile!« als die Taue qualmten. Der Papst verband die Begnadigung mit der Verpflichtung, alljährlich zum Palmsonntag Palmwedel aus Bordighera an den Vatikan zu liefern.

Bordighera bietet nur wenige Sehenswürdigkeiten. Die kleine **Altstadt** erhebt sich hinter der *Spianata del Capo*, einer weiten Parkplatz- und Aussichtsterrasse über dem Capo S. Ampelio. Für den Hochaltar der Hauptkirche **Santa Maria Maddalena** (17. Jh.) schuf Filippo Parodi eines seiner Alterswerke, eine Statue der Titelheiligen. Im kleinen **Oratorio San Bartolomeo degli Armeni** erklärte sich Bordighera mit sieben kleineren Kommunen des Hinterlandes 1686 zur ›Republik der Acht Gemeinden‹, die bis 1797 Bestand hatte.

Unterhalb der Spianata baute Charles Garnier, der Architekt der Alten Pariser Oper und des Kasinos von Monte Carlo, das **Municipio** (Rathaus). Davor steht der *Brunnen der Magiargé*, der Lieblingssklavin des Piraten Boabdil, die aus Granada hierher entführt worden war.

Unten am Kap führen Wege zur kleinen **Kapelle** des Einsiedlers **S. Ampelio** mit einer frühchristlichen Krypta. Weiter östlich, über dem Jachthafen, ließ sich Garnier eine damals einsam stehende Luxusvilla erbauen (Via Garnier 11). Im oberen Teil der modernen Villenstadt findet man das **Museo Bicknell** (Mo–Fr 9–12 und 13.30–17 Uhr), das 1888 von dem anglikanischen Pfarrer Clarence Bicknell gegründet wurde. Das große Hobby des Reverends war die Erforschung der ligurischen Steinzeit-Höhlen und der Tausen-

Bordighera

den von Ritzzeichnungen des 1947 an Frankreich abgetretenen **Monte Bego**. Das Museum, vor dem ein prachtvolles Exemplar eines tropischen Gummibaumes gedeiht, beherbergt eine gut sortierte **Ligurien-Spezialbibliothek** von über 50 000 Bänden. Ebenfalls in der Via Romana (Nr. 38) steht die von Garnier errichtete Villa Bischoffsheim (1873).

Einen entzückenden Anblick bietet das *Krippen-Diorama* in der Kirche **Madonna dei Fiori** (tgl. 14.30–18 Uhr, Spende, stündliche Busse vom Bahnhof) etwas landeinwärts in der Via Pasteur. Das Diorama erzählt in 23 Schaukästen das Leben Christi.

Geheimsprache Ligurisch?

Selbst bei sehr guten Italienisch-Kenntnissen muss man oft vor einer Unterhaltung im **ligurischen Dialekt** kapitulieren. Besonders erschwerend wirkt die ligurische Tendenz, **Konsonanten** auszustoßen: »Die Genueser sprechen nicht, sie pfeifen«, mokierte sich Casanova. **Umlaute** wie ö oder ü hingegen sind dem Deutschen eher vertraut. Charakteristisch ist auch die Umwandlung von b zu g (i). Hier einige Beispiele:

ligurisch	italienisch	deutsch
Zena	Genova	Genua
Sana	Savona	
Aensén	Arenzano	
püu	puro	rein
fögu	fuoco	Feuer
giancü	bianco	weiß
u/ü	il	der
fugassin	focaccia	Ölfladen
oieu	olio	Öl

Kaktusfreunde sollten sich den **Giardino Esotico Pallanca** (Juni–Sept. Mo 15–19.30, Di–So 9–12, 15–19.30 Uhr, Okt.–Mai Mo 14.30–17.30, Di–So 9–17.30 Uhr, www.pallanca.it) am östlichen Ortseingang nicht entgehen lassen. In diesem Privatgarten gedeihen über 3000 verschiedene Arten (Kakteenverkauf).

Ausflüge

Ostwärts, in der Bucht zwischen Capo S. Ampelio und Capo Nero, schließt sich der von älterem, Ruhe liebendem Publikum geschätzte Badeort **Ospedaletti** an, der sich im Januar einer Durchschnittstemperatur von 10,2 °C rühmt. Der Ort war einst auch ein Literatentreff: Hier kurte die lungenkranke Neuseeländerin Katherine Mansfield und hier erfand Mary Wollstonecraft Shelley das Ingolstädter Monster **Frankenstein**. Heute steht neben Strandspaziergängen Bocciaspielen auf dem Programm.

Das verfallende erste Kasino Italiens, die 1911 eröffnete **Villa Sultana**, träumt in einem nicht zugänglichen Palmengarten von der Belle Époque. Architekt dieser orientalisierenden Jugendstil-Fantasie war der prominente S. M. Biasini, der z.B. in Nizza für Kaiserin Victoria baute. Die Kosten wurden von der 1898 – zum ersten Mal für Italien – in Ospedaletti eingeführten *Kurtaxe* getragen.

Das westwärts an Bordighera grenzende **Vallecrosia** bietet mit seinem steinigen Strandstreifen und den Wellenbrechern keinen idealen Badeaufenthalt. Dafür kann man einheimischen Anglern zusehen. An der Straße Richtung **Vallecrosia Alta** fallen drei Oldtimer-Modelle von Eisenbahnwaggons auf. Hier hat Signor Erio Tripodi mit viel Passion das **Museo dell'Italia che canta** (Via Roma 108, Do–Di meist durchgehend geöffnet, Tel. 01 84 29 10 00) eingerichtet. Zwischen alten Grammophonen und Schellackplatten lässt sich alles über italienische Schlager und Tenöre erfahren. Dieses akustische Museumsfeeling kann man sogar im angrenzenden Ristorante fortsetzen.

Praktische Hinweise

Information

IAT, Via Roberto 1, Bordighera, Tel. 01 84 26 23 22, Fax 01 84 26 44 55

Hotels

*****Villa Elisa**, Via Romana 70, Bordighera, Tel. 01 84 26 13 13, Fax 01 84 26 19 42,

40 Dolceacqua

Sehr hübsche alte Dame der Riviera – Bordighera zeigt vornehmen Charme

www.villaelisa.com. Große, erschwingliche Zimmer in einer Villa mit tropischer Gartenanlage.

**Petit Royal, Corso Regina Margherita 86, Ospedaletti, Tel. 01 84 68 90 26, Fax 01 84 68 41 3 07. Hübsches, zentral gelegenes Gartenhotel.

Restaurant

La Reserve Tastevin, Via Arziglia 20, Bordighera, Tel. 01 84 26 13 22. Luxusadresse für *Cappon Magro*, den ligurischen Fischpudding (Mo geschl.).

40 Dolceacqua

Ligurisches Labyrinth.

Camporosso – Val Nervia

Der Abstecher ins Hinterland, nach Dolceacqua (5 km von Ventimiglia), dem ehem. **Stammsitz der Doria**, ist ein Muss. Die Stadt türmt sich kegelförmig über dem wilden Nervia empor, überragt vom 1745 ausgebrannten Schloss der Doria. Claude Monet war die mittelalterliche Brücke von Dolceacqua ein Gemälde wert. Wer die *Terra* genannte **Altstadt** betritt, findet sich in einer magischen mittelalterlichen Welt gefangen. Die Häuser und Gassen sind zu einem labyrinthischen Geflecht verwachsen, auf dunklen Treppenwegen irrt man unter Bögen und Gewölben herum – das faszinierendste Beispiel ligurischen Städtebaus. Dazu gehören neben Künstlerateliers auch Olivenholz-Schnitzereien sowie das **Visionarium** (Tel. 01 84 20 66 38, www.visionarium-3d.com), eine Lichtspielshow über die Grotten im oberen Nervia-Tal. Konzerte und Theateraufführungen finden auch im **Castello dei Doria** (Juli–Mitte Sept. tgl. 10–13, 15–18 Uhr, Mitte Sept.–Juni nur Sa, So) statt.

Krönender Abschluss der Besichtigung: eine Probe des *Rossese di Dolceacqua*, des einzigen renommierten ligurischen **Rotweins** in dieser Weißweinregion. Schon Napoleon begeisterte sich

Claude Monet kam, sah und malte – die grazil geschwungene Brücke von Dolceacqua

an diesem aristokratischen Wein, »der nach verwelkten Rosen duftet«. Eine Vorliebe, die er übrigens mit dem Farnese-Papst Paul III. teilte. Besonders empfiehlt sich die Kantine von *Ivo Tornatore* mit kleinem **Museo del vino** (Via Martiri 54, Tel. 01 84 20 61 51).

Ausflug

Am 3. Sonntag im September wird in **Camporosso** (Richtung Küste) bei der *Sagra* eine kulinarische Spezialität serviert: *Barbagiuai*, eine Art frittierter, vielfältig gefüllter Ravioli. Ein Spaziergang zur romanischen Friedhofskirche **San Pietro**, deren Apsis und Campanile aus dem 11. Jh. stammen, lohnt sich ebenfalls.

Die abenteuerlich verschachtelten Bergstädte des **Val Nervia**, des Nervia-Tals, das die Grenze zwischen Seealpen und ligurischen Alpen bildet, stehen Dolceacqua nur wenig an Reiz nach. Auf einer Rundfahrt erreicht man zunächst **Isolabona**, wo die Doria Papiermühlen zur Produktion eines geschätzten Flachspapiers betrieben.

Praktische Hinweise

Information

IAT, Via Barberis Colomba 1, Dolceacqua, Tel. 01 84 20 66 66

Gassenlabyrinth in Dolceacqua

Einkaufen

Floh- und biologischer **Lebensmittelmarkt** auf dem zentralen Platz am letzten Sonntag des Monats

Unterkunft

** **Dei Doria**, Via Barberis Colomba 40, Dolceacqua, Tel. 01 84 20 63 43, www.deidoria.it. Zentrales Bed & Breakfast mit Burgblick.

Restaurant

Locanda degli Amici, Via Roma 16, Isolabona, Tel. 01 84 20 81 24. Seit 150 Jahren im Banne des Stockfischs *(Stoccafisso)*. In der kleinen *Trattoria* wird die ligurische Winterspezialität liebevoll gepflegt, von *Branda cujon* (Stockfischcreme mit Kartoffeln und Kräutern) bis zu gefüllten Schwanzflossen (Mo und mittags sowie Juni–Sept. geschl.).

41 Pigna

 Geheimnisvolle Altstadt und fantastische Ausblicke auf das Val Nervia.

Castel Vittorio – Baiardo – Apricale – Perinaldo

Für den sagenhaften *Pilzreichtum* der Kastanien- und Eichenwälder, die sich zur französischen Grenze Richtung Gouta-Pass hinziehen, ist Pigna bekannt.

Pigna

Der mittelalterliche Ort, dessen kräftiges Kleiebrot Liebhaber in ganz Ligurien findet, trägt nach seiner hochgeschichteten Silhouette den Namen ›Pinienzapfen‹. In den kasbahartig verschlungenen Gassen, Treppen und Torwegen, die von Gewölben und Schwibbögen verdüstert werden, verliert man leicht die Orientierung. Die Pignesen nennen diese Wege passenderweise *Chibi* (dunkel).

Einen großzügigen Lichtblick gewährt an der Spitze des ›Zapfens‹ die **Piazza Castello** mit herrlichem Panoramablick nach Castel Vittorio. Auf dieser Terrasse findet jedes Jahr Ende Juli/Anfang August das *Festival della Poesia e della Commedia Intemelia* statt, das sich der Pflege des ligurischen Dialekts verschrieben hat. Bemerkenswert sind auch die Schieferportale der angrenzenden Gebäude.

Der Corso Sonnaz geleitet zur *Piazza XX Settembre*, wo ein savoyisches Schieferwappen den Eingang zur **Loggia della Piazza Vecchia** krönt. Unter den (nach Bombenschäden von 1944 wieder aufgebauten) Gewölben diskutierten einst die Bürger Ratsentscheidungen. Die eingemauerten mittelalterlichen Messgefäße für Getreide sind ein Zeichen kommunaler Selbstständigkeit.

Die benachbarte, wuchtig aus rohen grauen Steinblöcken gefügte Kirche **San Michele** wurde 1450 unter Bauleitung des *Maestro Comacino* Giorgio de Lancia neu aufgebaut. Der Campanile mit Pyramidendach ragt über 50 m auf. Für die Pfarrkirche schuf der Tessiner Bildhauer *Giovanni Gaggini* aus Bissone (Lago di Lugano) sein erstes datiertes Werk: Die **Fensterrose** (1450) mit winzigem Lamm-Gottes-Relief ist mit einem aus einer französischen Werkstatt stammenden Apostel-Fenster des 15. Jh. verglast. Den **Innenraum** schmückte der Piemontese Giovanni Canavesio mit Fresken. Der kostbare *Flügelaltar* (1500) im Chor gilt als das letzte Werk dieses Künstlers. 35 goldgrundige Tafeln rahmen die Darstellung des Erzengels Michael, der als Seelenwäger im Kampf gegen den Teufel über Erlösung und Verdammnis entscheidet.

Streifzüge am Ortsrand führen zu den imposanten Ruinen von **San Tommaso**, die im 12. Jh. die größte Kirche des Nervia-Tals war. Von der Lago-Pigo-Brücke, einst Grenze zwischen Genua und Savoyen,

Bauen im Einklang mit der Natur – das Bergstädtchen Apricale vor kühner Kulisse

Lebendige Vergangenheit – die zentrale Piazza von Apricale mit freskengeschmücktem Gemeindehaus

lässt sich der Schwefelgeruch der nahen *Thermalquellen* erschnüffeln.

Ausflüge

Zwei kurvenreiche Kilometer führen östlich des Nervia-Tals nach **Castel Vittorio**, dessen gesamtes Ortsbild auf die Spitze des isolierten Kirchturms von *S. Stefano* fokussiert zu sein scheint. Die altersgeschwärzten und windschiefen Häuser vermitteln die herbe Knorrigkeit des ligurischen Hinterlandes.

Bergwanderer können von dem alten Käsemacher- und Hirtendorf Buggio und vom Lago di Tenarda aus den halsbrecherischen **Sentiero degli Alpini** erproben. Dieser oft nur maultierbreite Bergpfad wurde 1936–38 an der französischen Grenze zu militärischen Zwecken aus dem harten Kalkstein gesprengt bzw. geschlagen. Wie eine Krone thront **Baiardo** in 900 m Höhe auf einem Bergrücken der Seealpen westlich des Ghimbegna-Passes. Von hier bietet sich ein Panoramablick auf die Gipfelwelt der *Alpes Marittimes*.

Die Ruine von San Nicolò in der verfallenden Oberstadt erinnert an das Erdbeben am Aschermittwoch 1887, als 200 Gottesdienstbesucher in der Kirche vom einstürzenden Dach erschlagen wurden.

Von hier kann man den 1299 m hohen **Monte Bignone**, den Hausberg San Remos, ansteuern oder nach **Apricale** abfahren. Der halbverlassene Ort, in dessen engen, bucklig gepflasterten Gassen man sich nur zu Fuß bewegen kann, hat sich einen Namen durch moderne *Murali* (Graffiti) der bäuerlichen und pastoralen Arbeitswelt gemacht. Der Aufstieg zur arkadengerahmten weiten Piazza Vittorio Emanuele II lohnt sich wegen ihres intakten Baubestandes.

In **Perinaldo** oberhalb des Crosia-Tals beginnt wieder die intensive Blumenzucht mit ihren Glashaus-Terrassen. Der gepflegt wirkende Ort ist noch immer auf seinen prominentesten Sohn stolz. Gian Domenico Cassini (1625–1712) brachte es bis zum Pariser Hofastronom Ludwig XIV.

Praktische Hinweise

Unterkunft

**** Grand Hotel Pigna Antiche Terme, Lago Pigo, Pigna, Tel. 01 84 24 00 10, www.termedipigna.it. Großzügiges Wellness- und Beautyhotel.

Rifugio Franco Allavena, Melosa, Tel. 01 84 24 11 55. Von der Alpenvereinssektion Bordighera (CAI) geleitete Schutzhütte mit 68 Betten und Küche auf 1545 m. Hier beginnen Wanderungen zum Tenarda-See und zum Sentiero degli Alpini. 5 km Langlaufloipen.

42 Ventimiglia

Grenzstadt zu Frankreich.

Airole

Die an Kirchen reiche Altstadt Ventimiglias auf einer Kuppe oberhalb des Roia ist eine Überraschung, denn sie wirkt heruntergekommener, als man es, nur 10 km vom noblen französischen Menton entfernt, an dieser mondänen Küste erwarten würde. Eher Marseiller Hafenatmosphäre als Tourismus: Ventimiglia lebt hauptsächlich vom Handel (Blumen, landwirtschaftliche Produkte) und von Gastarbeitern – viele Einwohner verdienen ihr Geld drüben in Frankreich. Umgekehrt decken sich Franzosen hier gerne mit den etwas billigeren Alkoholika ein.

Geschichte **Albium Intemelium** war der Hauptort des altligurischen Volksstamms der *Intemelii*, ein Name, der später zu Ventimiglia (flapsig XXmiglia abgekürzt) verschliffen wurde. Nach der langobardischen Eroberung 641 wurde das Zentrum vom Tal auf den Hügel verlegt. Ab dem 10. Jh. erwarben die *Grafen von Ventimiglia* ein beträchtliches Hinterland. 1261 musste sich die selbstständige Stadt Genua beugen und ihr Territorium teilweise an die Provence abtreten. 1526 wurde Ventimiglia von den *Grimaldi* geplündert. 1796 erhob Napoleon es in den Rang einer Départements-Hauptstadt. Wirtschaftlichen Aufschwung brachte auch die Eröffnung der Bahnlinie 1871. Die Bombennarben des Zweiten Weltkriegs sind heute noch in der Altstadt sichtbar.

Besichtigung Von der *Piazza della Constituente* (an der Roia-Brücke, Parkplatz) kann man durch enge Gassen zur **Via al Capo** aufsteigen, an der geschichtsträchtige Bauwerke liegen. Die allgegenwärtigen, fast neapolitanisch wirkenden Wäscheleinen gehören zum charakteristischen Straßenbild der *Scuri* (düster) genannten Wege.

Die romanische Kathedrale **Santa Maria Assunta** zählt zu den bedeutendsten Kunstschätzen Liguriens. Restaurierungen haben den ursprünglichen Bauzustand des 11. Jh. einschließlich des achteckigen *Battistero* links der rundbogengeschmückten Apsiden freigelegt. Besonders die Außenansicht dieses Komplexes vermag zu beeindrucken. Im oberen Teil der Altstadt steht **San Michele** (Anfang 11. Jh.), die Hauskirche der Grafen von Ventimiglia, über einer *Krypta* des 9. Jh. Ihr Weihwasserbecken entpuppt sich als römischer Meilenstein mit Entfernungsangabe.

Eine Fußgängerbrücke führt über die breite Roia-Mündung zu den mit Palmen bestandenen *Giardini Pubblici* am Rande der hektischen Neustadt. Hier findet an der Uferpromenade **Lungomare** jeden Freitag ein gigantischer **Wochenmarkt** mit französischer und nordafrikanischer Stammkundschaft

Romanik pur: die Cattedrale Santa Maria Assunta in Ventimiglia

43 Villa Hanbury und Balzi Rossi

Suk oder Mercato? Der Wochenmarkt von Ventimiglia wird von preisbewussten Hausfrauen der Region gern besucht

statt. Eher bescheiden muten die Reste des *antiken Albintimilium* im Osten der Neustadt bei der Bahnbrücke an, darunter ein Amphitheater für 5000 Personen. Funde und Dokumentationen präsentiert anschaulich das **Museo Archeologico Girolamo Rossi** (Di–Sa 9–12.30, 15–17, So 10–12 Uhr) im Forte dell'Annunziata am westlichen Stadtrand.

Durch das Roia-Tal und Kalkgebirge führt eine landschaftlich imposante Strecke zur französischen Grenze Richtung Tenda-Pass. Neben dem besonders von Niederländern geschätzten Bergstädtchen **Airole**, wo man auf der einladenden Piazza im Freien sitzen kann, lohnt die Fahrt nach **Olivetta-San Michele** in die schroffe Welt der ligurischen Seealpen.

Praktische Hinweise

Information
IAT, Via Cavour 52, Ventimiglia, Tel./Fax 01 84 35 11 83

Einkaufen
Antiquitätenmarkt letzter Samstag im Monat in der Via Hanbury

Hotel
**Villa Franca, Corso Repubblica 12, Ventimiglia, Tel. 01 84 35 18 71. Üppige Pflanzen und ein Papagei gehören zur Villa mit Restaurant am Palmengarten.

Restaurant
U Vecin Defisiu, Piazza SS. Giacomo e Filippo 7, Ventimiglia, Tel. 01 84 20 00 41. In einer umgebauten Ölmühle werden hausgemachte Ravioli, Lamm und Kaninchen serviert (Mi geschl.).

43 Villa Hanbury und Balzi Rossi

Der schönste Garten Italiens und vorgeschichtliche Grotten.

Der englische Gesellschaftssport des *Gardening* feiert in der **Villa Hanbury** (Nov.–Mitte März Do–Di 10–16 Uhr, Mitte März–Mitte Juni tgl. 10–17 Uhr, Mitte Juni–Okt. tgl. 9–18 Uhr), 2 km von der französischen Grenze unterhalb des winzigen Ortes **Mortola** gelegen, einen seiner prächtigsten Triumphe. *Sir Thomas Hanbury*, der das 18 ha große Weide-Areal mit der Villa Orengo 1867 erwarb, war durch seine Reisen in den britischen Kolonien prädestiniert, tropische Pflanzen mit italienischem Ambiente zu vereinen. So entstand unter Mithilfe seines pharmakologisch gebildeten Bruders Daniel und des Heidelberger Botanikers *Ludwig Winter* ein Riviera-Paradies, das mit 4000 Arten auch exotische Abteilungen wie den *Australian Garden* (mit Eukalyptus) und den *Japanese Garden* umfasst. Jeden Morgen wurden die Helfer mit einer anti-

43 Villa Hanbury und Balzi Rossi

Sommerresidenz mit herzerfrischendem Meeresblick – Idylle im tropisch anmutenden Park der Villa Hanbury

ken japanischen Bronzeglocke zur Arbeit gerufen. Nach den Beschädigungen des Zweiten Weltkriegs wurde der Park 1960 an den italienischen Staat verkauft. Seit 1987 unternimmt die **Universität Genua** energische Anstrengungen, um den einstigen Zustand wieder herzustellen. Dabei wird neben der überwältigenden Blüten- und Baumpracht der Opuntien, Agaven, Palmlilien, Eukalyptus, Passionsblumen, Araukarien, Aleppokiefern, Papyrusstauden und Zitrusfrüchte auch die Parkausstattung als *Gesamtkunstwerk* gewürdigt.

Der Bummel über 3 km Wegenetz – darunter die Trasse der *Via Aurelia* – führt zunächst zur **Villa Nirvana**, dem einstigen Gästehaus, dann zum altrosa gestrichenen Turm der **Villa Hanbury-Orengo** mit angrenzendem Tenniscourt. Sir Thomas ließ über dem Portal ein Marco-Polo-Mosaik anbringen und die *Loggia* mit dem ›Besuch Kaiser Karls V. in Mortola‹ ausmalen. Zypressenhain und Olivenweg geleiteten zu weiteren ›Wundern‹, wie der Grottenfontäne mit der gefesselten Venus, dem chinesischen Drachenbrunnen, dem maurischen Kiosk und einem schönen Gartencafé im ehem. Waschhaus.

Direkt an der Staatsgrenze unterhalb des Weilers Grimaldi liegen die **Balzi Rossi**. Diese elf Grotten, die sich im rötlichen Dolomitkalk wenige Meter über dem Meeresspiegel öffnen, bilden eine der wichtigsten paläontologischen Fundstätten der Welt. Viele der archäologischen Zeugnisse befinden sich heute in Monaco – monegassische Fürsten wie

Giganten, Grottenligurer, Grimaldi-Menschen

Im 19. Jh. begann man, die Autorität der Bibel bzgl. der Schöpfungsgeschichte der Menschheit immer stärker in Frage zu stellen. Als Fürst Florestan I. ab 1846 die **Balzi Rossi** erforschte, wurden sie zu einer der wichtigsten Fundstätten der neuen Wissenschaft der Paläontologie. Tatsächlich gehört das Gebiet der französischen Côte d'Azur und der italienischen Ponente zu den ergiebigsten Zonen der **Altsteinzeit-Forschung**. So fand man in der Grotta del Principe den ältesten menschlichen Knochen Italiens: Das Beckenfragment (230 000 v. Chr.) einer **Urligurerin** vom Typ Homo erectus (ab 1 500 000 v. Chr.) war mit Steinbock-, Nilpferd-, Wolfs- und Bärenknochen während einer Zwischeneiszeit zu einem festen Steinklumpen verbacken.

Gegen 80 000 v. Chr., als sich die Grotten in der 4. Würmeiszeit wieder aus dem Meer hoben, lebten jagende **Neandertaler**-Horden in ihrem Schutz und hinterließen Steinwerkzeuge. Erst die **Cro-Magnon-Menschen**, vermutlich aus Schwarzafrika eingewanderte Vertreter des modernen Homo sapiens sapiens (ab 30 000 v. Chr.), verwendeten die Balzi Rossi dann als Grabstätten. Moderne Forschungsmethoden ermöglichen immer präzisere Datierungen altsteinzeitlicher ligurischer Knochenfunde. Die interessanten **Museen** von Monte Carlo und Menton an der Côte d'Azur sowie die Grotten von Toirano [s. S. 95] und die Ritzzeichnungen am Monte Bego (im französischen Roya-Tal) können das Bild der ligurischen Steinzeit abrunden.

Marmor, Meer und Blütenpracht – Loggia der Villa Hanbury

Florestan I. und Albert I. betätigten sich im 19. Jh. als eifrige Ausgräber und Teile des Terrains wie die *Grotta del Principe* befinden sich heute noch immer im Besitz des Hauses Grimaldi.

Das von Sir Thomas Hanbury gegründete, inzwischen in einem Neubau untergebrachte **Museo Preistorio dei Balzi Rossi** (Di–So 9–12.30, 14–18 Uhr) enthält u. a. das berühmte **Gigantengrab** der Cro-Magnon-Zeit aus der Barma-Grande-Höhle (30 000–15 000 v. Chr.). Es barg einen 2,02 m großen Erwachsenen, der ausgestreckt neben einem Mädchen und einem Knaben lag. Die Grabstätte der am ganzen Körper ocker geschminkten Toten war mit Muschel- und Knochenketten sowie Steinen verziert. Weit kleiner sind die ›Grimaldi-Menschen‹ in der gekrümmten Embryobestattung aus der **Grotta dei Fanciulli** (Originale in Monaco). Statuetten von Muttergottheiten (ca. 20 000 v. Chr.) mit stark überbetontem Steiß, Bauch und Brüsten und die Felszeichnung eines Przewalski-Wildpferdes aus der **Grotta del Caviglione** runden die Sammlung ab. Im Anschluss an den Museumsbesuch führt das Aufsichtspersonal zur *Grotta di Florestano, Grotta del Caviglione* und zu der *Barma grande*.

Italienische Riviera aktuell A bis Z

■ Vor Reiseantritt

ADAC Info-Service:
Tel. 018 05/10 11 12, Fax 018 05/30 29 28
(0,14 €/Min.)

ADAC im Internet:
www.adac.de
www.adac.de/reisefuehrer

Italienische Riviera im Internet:
www.turismoinliguria.it
www.rivieradeifiori.org
www.inforiviera.it
www.aptcinqueterre.sp.it
www.apttigullio.liguria.it

Italienisches Fremdenverkehrsamt:
Direktion für Deutschland, Österreich, Schweiz, Kaiserstr. 65, 60329 Frankfurt/Main, Tel. 0 69/23 74 34, Fax 0 69/23 28 94, enit.ffm@t-online.de, www.enit-italia.de

Prospektbestellung:
Tel. 008 00 00 48 25 42 (gebührenfrei)

Deutschland
Büro Berlin, Friedrichstr. 187,
10117 Berlin, Tel. 0 30/2 47 83 98, Fax 030/2 47 83 99, enit-berlin@t-online.de

Büro München, Lenbachplatz 2,
80333 München, Tel. 0 89/53 13 17, Fax 089/53 45 27, enit-muenchen@t-online.de

Österreich
Kärntnerring 4, 1010 Wien, Tel. 01/5 05 16 39, Fax 01/5 05 02 48, www.enit.at, delegation-wien@enit.at

Schweiz
Uraniastr. 32, 8001 Zürich,
Tel. 04 34 66 40 40, Fax 04 34 66 40 41, www.enit.ch, enit@bluewin.ch

■ Allgemeine Informationen

Reisedokumente

Für Deutsche, Österreicher und Schweizer genügt ein gültiger Personalausweis oder ein Reisepass bzw. Kinderausweis.

Kfz-Papiere

Für das eigene **Kraftfahrzeug** braucht man den Führerschein, die amtliche Zulassung sowie die *Internationale Grüne Versicherungskarte*. Wer einen fremden Wagen fährt, benötigt zusätzlich eine Vollmacht des Fahrzeugbesitzers.

Krankenversicherung und Impfungen

Seit dem 1. Januar 2006 ist die Europäische **Krankenversicherungskarte** in die übliche Versicherungskarte integriert. Sie wird in ganz EU-Europa anerkannt und garantiert die medizinische Versorgung.

Sicherheitshalber empfiehlt sich jedoch der Abschluss einer zusätzlichen **Reisekranken- und Rückholversicherung**.

◁ *Speisen, Reisen und Feiern in Ligurien: Grand Hotel Villa Balbi in Sestri Levante* (**oben links**), *Via dell'Amore und San Fruttuoso* (**Mitte**), *Confetteria in Genua* (**unten links**), *Festumzug in Taggia* (**unten rechts**)

Für **Hunde und Katzen** ist bei Reisen innerhalb der EU ein gültiger, vom Tierarzt ausgestellter EU Heimtierausweis vorgeschrieben, ebenso Kennzeichnung durch Mikrochip oder Tätowierung. Bis zum Jahr 2011 gelten Übergangsregelungen.

Zollbestimmungen

Reisebedarf für den persönlichen Gebrauch obliegt innerhalb der EU keinen Beschränkungen und darf abgabenfrei eingeführt werden. Richtmengen für den Privatreisenden: 800 Zigaretten, 400 Zigarillos, 200 Zigarren, 1 kg Tabak, 10 l Spirituosen, 20 l Zwischenerzeugnisse, 90 l Wein (davon maximal 60 l Schaumwein), 110 l Bier.

Bei Reisen von und durch Drittländer (Schweiz) dürfen zollfrei mitgeführt werden: 1 Stange Zigaretten, 1 l Spirituosen über 22% oder 2 l Spirituosen unter 22%, 50 ml Parfum, 250 ml Eau de Toilette, 500 g Kaffee und 100 g Tee. Ebenfalls zu beachten ist die EU-weite Einfuhrgrenze für zollfreie Waren in Höhe von 175 €.

Geld

Die gängigen *Kreditkarten* werden in Banken, Hotels und vielen Geschäften akzeptiert.

Allgemeine Informationen – Anreise

An zahlreichen *EC-Geldautomaten* kann man rund um die Uhr Geld abheben. Auch mit der *Postbank SparCard* erhält man an VISA PLUS-Automaten rund um die Uhr Geld

Tourismusämter im Land

Unter **Praktische Hinweise** im Haupttext sind Außenstellen der *Tourismusämter* aufgeführt, die Prospektmaterial, auch in deutscher Sprache, bereithalten. Die meisten Büros sind tgl. 9–12.30 und 15–19.30 Uhr geöffnet, in kleineren Orten nur von Mai bis Ende September.

Notrufnummern

Einheitlicher Notruf: Tel. 112
(EU-weit, auch mobil: Polizei, Unfallrettung, Feuerwehr)

ACI-Pannendienst (Soccorso Stradale): Tel. 80 31 16, Mobil-Tel. 800 11 68 00. Man beachte die *gelben Notrufsäulen* auf den Autobahnen (ca. alle 2 km).

ADAC-Notrufstation Mailand: Tel. 02 66 15 91 (rund um die Uhr, mehrsprachig)

ADAC-Notrufzentrale München: Tel. (00 49)89/22 22 22 (rund um die Uhr)

ADAC-Ambulanzdienst München: Tel. (00 49)89/76 76 76 (rund um die Uhr)

Österreichischer Automobil Motorrad und Touring Club
ÖAMTC Schutzbrief-Nothilfe:
Tel. 00 43/(0)1/2 51 20 00

Touring Club Schweiz
TCS Zentrale Hilfsstelle:
Tel. 00 41/(0)2 24 17 22 20

Bei Unfällen mit Sachschäden ist es dringend erforderlich, Versicherung und Versicherungsnummer des Unfallgegners zu notieren. Bei Personenschaden muss die Polizei verständigt werden. Da landwirtschaftliche Fahrzeuge und Mopeds in Italien nicht versichert sind, sollte eine *Vollkaskoversicherung* für die Reisedauer abgeschlossen werden. Bei Autodiebstählen wende man sich an die nächste Polizeidienststelle.

Diplomatische Vertretungen

Deutsches Konsulat, Via Solferino 40, Mailand, Tel. 026 23 11 01, Fax 026 55 42 13, www.mailand.diplo.de

Deutsches Honorarkonsulat, Ponte Morosini 41/1, Genua, Tel. 01 02 71 59 69, Fax 01 02 71 59 66

Österreichisches Honorarkonsulat, Via Assarotti 5, Genua, Tel./Fax 01 08 39 39 83

Schweizer Generalkonsulat, Piazza Brignole 3/6, Genua, Tel. 0 10 54 54 11, Fax 0 10 54 54 12 40, www.eda.admin.ch/genova

Besondere Verkehrsbestimmungen

Tempolimits (in km/h): Für Pkw, Motorräder und Wohnmobile gilt innerorts 50, außerorts 90, auf Schnellstraßen 110 und auf Autobahnen 130 bei Regen jedoch nur 110. Für Wohnmobile über 3,5 t gilt außerorts 80, auf Autobahnen 100; Pkw mit Anhänger dürfen außerorts und auf Schnellstraßen max. 70, auf Autobahnen 80 fahren.

Auf allen Straßen außerhalb von Stadtzentren und Orten muss auch tagsüber mit *Abblendlicht* gefahren werden. Motorräder müssen grundsätzlich mit Abblendlicht fahren.

Es besteht *Anschnallpflicht* und für Lenker und Mitfahrer von Zweiradfahrzeugen *Sturzhelmpflicht*. Kinder unter 12 Jahren müssen auf dem Rücksitz befördert werden. Das *Telefonieren* während der Fahrt ist nur mit Freisprechanlage erlaubt. Das Nationalitätenkenn*zeichen* ist Pflicht, es sei denn, das Fahrzeug besitzt ein EU-Kennzeichen. Jede Person, die im Falle einer Panne oder eines Unfalls auf offener Straße den Wagen verlässt, muss eine nach DIN EN 471 zertifizierte, reflektierende *Warnweste* tragen.

Die *Promillegrenze* liegt bei 0,5.

Öffentliche *Parkplätze* sind durch weiße oder blaue Markierungen gekennzeichnet. Die ›blauen‹ Parkplätze sind gebührenpflichtig.

Wichtig: Jede Ladung, die nach hinten überragt (Surfbretter, Boote, Fahrradständer) muss mit einer 50 x 50 cm großen rot-weiß-roten reflektierenden Warntafel (ggf. mit Rückstrahlern) versehen sein. Keine Ladung darf über die Vorderkante des Fahrzeugs hinausragen.

■ Anreise

Auto

Umfangreiches **Informations-** und **Kartenmaterial** können Mitglieder des ADAC kostenlos bei den *ADAC-Geschäftsstellen* oder unter Tel. 018 05/10 11 12 (0,14 €/Min.) anfordern. Außerdem sind im ADAC Verlag die Länderkarte *Italien Nord* (1:500 000)

und die Regionalkarte *Italienische Riviera* (1:150 000) erschienen (www.adac.de/karten).

Hinweis: Die Küstenstraßen der Riviera sind in der Saison (Mai bis Sept.) heillos verstopft, sodass Autofahren oft in Staustehen ausartet. Der Zug bildet hier eine entspannende Alternative. Wer hingegen auch das Hinterland erkunden will und Spaß an engen Bergstraßen hat, will das ganze Jahr über (im Winter Schneeketten nicht vergessen!) in Ligurien automobilistisch auf seine Kosten kommen.

Für die *Alpenüberquerung* bieten sich verschiedene Pässe an. In Österreich und der Schweiz benötigt man bei Autobahnbenutzung eine gebührenpflichtige *Vignette*. Am einfachsten ist es, über den **Brenner**, Brescia und Cremona nach Genua (bzw. Verona und Parma nach La Spezia) zu fahren. Reizvoller und kürzer ist der Transfer durch die Schweiz. Zügig geht es über **San Bernardino** und Lugano. Die Engadin-Route via St. Moritz und **Maloja-Pass** darf auch ohne Autobahnvignette befahren werden. Kostensenkend ist ein Tankstop in der Schweizer *Freihandelszone Samnaun* an der österreichischen Grenze. Vom Comer See führt dann die Autobahn über Mailand nach Genua.

Die **Autobahngebühren** in *Italien* werden nach Fahrzeugkategorien und den jeweils zurückgelegten Teilstücken berechnet. Die Maut wird bei der Autobahnabfahrt bezahlt. Besitzer der *Viacard*, die in den ADAC-Geschäftsstellen, in Italien bei Banken, Sparkassen und an Kiosken erhältlich ist, werden auf eigenen Fahrspuren bargeldlos abgefertigt. Da fehlende Beträge hier nicht mit Bargeld beglichen werden können, ist darauf zu achten, dass der Kredit auf der Viacard ausreicht bzw. rechtzeitig eine zweite Viacard bereitzuhalten.

Autobahn-Tankstellen sind durchgehend geöffnet, die meisten übrigen Tankstellen Mo–Fr 7–12.30 und 15–19 Uhr. Am Wochenende machen sie Schichtdienst. Auf Hauptstrecken gibt es *SB-Tanksäulen*, die Geldscheine annehmen.

Bahn und Autoreisezug

Die reizvollsten Eisenbahnrouten führen über die Schweiz (Gotthard-Linie) nach *Mailand*. Von dort tagsüber stündliche Verbindungen nach Genua. Bei der *Brennerlinie* kann man Kurswagen bis Mailand wählen oder bereits in *Verona* umsteigen. Eine Kräfte schonende Alternative stellen **Autoreisezüge** dar.

Fahrplanauskunft:

Deutschland

Deutsche Bahn, Tel. 118 61 (gebührenpflichtig), Tel. 08 00/1 50 70 90 (sprachgesteuert), www.bahn.de

Deutsche Bahn AutoZug,
Tel. 018 05/2 42 24, www.autozug.de

Österreich

Österreichische Bundesbahn,
Tel. 05 17 17, www.oebb.at

Schweiz

Schweizerische Bundesbahnen,
Tel. 09 00 30 03 00, www.sbb.ch

Italien

Ferrovie dello Stato (FS), Tel. 89 20 21 (gebührenpflichtig), www.trenitalia.com

Bus

Von mehreren deutschen Großstädten fahren Busse nach Genua.

Deutsche Touring,
Am Römerhof 17, 60486 Frankfurt/Main, Tel. 0 69/79 03 50, Fax 069/790 32 19, www.deutsche-touring.com

Flugzeug

Der Cristoforo-Colombo-Flughafen in *Genua-Cornigliano* (Tel. 01 06 01 51, www.airport.genova.it) wird täglich mit Linienflügen von Frankfurt, München und Hamburg bedient. Ein weiterer Flughafen (für Charter) befindet sich in *Villanova d'Albenga*, Tel. 01 82 58 20 33, www.rivierairport.it.

Bank, Post, Telefon

Bank

Banken öffnen meist Mo–Fr 8 bzw. 8.30–13.30 und 14.30 bzw. 15–16 Uhr. Bankomaten sind oft nachts abgeschaltet.

Post

Die Postämter sind in der Regel Mo–Fr 8–13.30 bzw. 14 Uhr und Sa 8–12 Uhr geöffnet. Briefmarken (*Francobolli*) gibt es sowohl in Postämtern als auch in manchen Tabakläden (*Tabacchi*), zu erkennen am Monopolzeichen ›T‹ über der Tür, oder in Souvenirläden. Karten und Briefe mit Marken der *Posta prioritata* kommen meist innerhalb weniger Tage in Mitteleuropa an.

Telefon

Internationale Vorwahlen:
Italien 00 39
Deutschland 00 49
Österreich 00 43
Schweiz 00 41

In Italien ist die Ortsnetzkennzahl fester Bestandteil der Telefonnummern und muss **immer** (inkl. der 0) mitgewählt werden. Dagegen fällt bei der Handy-Nr. die Null weg.

Die Benutzung handelsüblicher **GSM-Mobiltelefone** ist in ganz Italien möglich. Man sollte sich jedoch vor Reiseantritt über das günstigste Netz vor Ort informieren und das eigene Mobiltelefon entsprechend programmieren.

Die Telefonzellen sind meist nur für Telefonkarten (*Scheda Telefonica*, perforierte Ecke abreißen!) eingerichtet, die in Tabakläden (*Tabacchi*), Kiosken und manchen Bars verkauft werden.

Einkaufen

Die **Geschäftszeiten** sind regional unterschiedlich. Meist sind Läden Mo–Sa 9–12.30 und 16–19.30 Uhr geöffnet. Am Samstagnachmittag ist normaler Einkauf, dafür schließen viele Läden an einem anderen Werktag früher. Ferienorte haben zusätzliche Öffnungszeiten (abends, manchmal auch sonntags).

Souvenirs

Das ideale ligurische Mitbringsel ist **Olivenöl**, das in formschönen Halbliterflaschen angeboten wird. Auch ein Glas mit **Pesto** oder **Walnusssauce** einschließlich der frisch gemachten **Pasta** ist ein stilechtes ligurisches Geschenk. Daneben bietet sich Traditionshandwerk an: **Spitzen** aus Rapallo, **Samt** aus Zoagli, **Campanino-Stühle** mit geflochtener Sitzfläche aus Chiavari, **Olivenholzschnitzereien** aus Imperia oder **Keramik** aus Albisola.

Kühnere Kaufentscheidungen ligurischer Qualitätsprodukte sind ein *OLMO*-Rennrad aus Celle Ligure, Maßschuhe aus Pieve di Teco oder eine komplette Einbauküche im Schieferdesign [s. S. 54]. Meisterwerke *Junger Wilder* lassen sich in Bussana Vecchia aufstöbern. Wer es traditioneller mag, kann in der Via Garibaldi in Genua das Preisniveau für **Barockgemälde** und ligurische **Empiremöbel** testen. *Alta Moda* und *Mailänder Avantgarde* ist in den Boutiquen der Badeorte angesagt.

Essen und Trinken

Einst galten die Genuesen als knausrigste Gastgeber Italiens und die ligurische Küche als arm und sparsam. Doch die Zeiten ändern sich und heute kann es die **ligurische Kochkunst** an raffinierter Einfachheit durchaus mit der gepriesenen toskanischen aufnehmen. Und so sind *authentische Osterien* mit 100-jähriger Familientradition oder *knorrig-herzliche Dorftrattorien* muss man auch in Italien erst einmal finden!

Pasta und Olivenöl – Gold der Riviera

Solide Basis des ligurischen Kochwunders ist zum einen das **Olivenöl**, das mit dem umbrischen und dem lucchesischen um den Vorrang in Italien streitet, zum anderen eine alte **Nudelmachertradition**. So gehören z. B. die mit Wildkräutern und *Ricotta*-Quark gefüllten ligurischen *Pansoti*, die mit Walnusssauce *(Salsa di noci)* serviert werden, zu den absoluten Glanzlichtern der italienischen Pastaküche. Legendär ist natürlich auch der frisch im Mörser gestampfte *Pesto* aus Basilikum, Parmesan, Pinienkernen und Olivenöl, der traditionell mit *Trenette*-Makkaroni oder den kleinen *Troffie*-(Kartoffelteig-)Nudeln gegessen wird. Wie erlesen *Ravioli* gefüllt sein können, kann man erst in Ligurien ermessen. Schließlich wurden sie in Fascia, dem höchstgelegenen Dorf der Region (nördlich von Genua) erfunden.

Feste und Feiern

Feiertage

1. Januar *(Capodanno)*, 6. Januar *(Epifania)*, Ostersonntag *(Pasqua)* und Ostermontag *(Pasquetta)*, 25. April *(Liberazione,* Tag der Befreiung von der deutschen Besatzung 1945), 1. Mai *(Festa del Lavoro)*, 15. August *(Ferragosto)*, 1. November *(Ognissanti)*, 8. Dezember *(Immacolata Concezione)*, 25./26. Dezember *(Natale)*.

Feste

Ligurische Feste sind – mit wenigen Ausnahmen – noch reine *Volksfeiern*. Die kirchliche Kultur der *Heiligen-* und *Patronatsfeste* wetteifert hierbei mit der sog. *Sagra*, die meist einem landwirtschaftlichen Produkt gewidmet ist. Gerade im Hinterland wird man auch als Fremder bei den Festen mit Musik und Tanz freudig aufgenommen. Der folgende Kalender

Raffinierte Einfachheit – die ligurische Küche

Cucina povera – was nicht nur Dockarbeitern und Holzfällern schmeckt

Ein typisches **Genueser Volksgericht** ist Lattuga ripiena, mit Fleischfarce gefüllter Kochsalat in Fleischbrühe. Regelrecht zelebriert wird die Zubereitung der **Cima alla genovese**, einer Kalbsbrust, für deren Füllung jede Familie ein anderes Rezept hat: Bries, Erbsen und Eidotter bilden jedenfalls die Grundlage. In den Bergen gibt es überall vorzügliches Schmorkaninchen (Coniglio), meist in Wein und schwarzen Oliven. Urig, aber selten ist Capra con fagioli, ein Hirteneintopf aus weißen Bohnen und Ziegenfleisch. **Steinpilze** (Funghi porcini) gibt es hingegen genug, um sich einmal ordentlich daran satt zu essen. Simple Gerichte wie Schnecken in Steinpilzsauce können selbst eingefleischte Italienkenner überraschen. Und auch Salami und Rohschinken kommt im ligurischen Hochland praktisch immer aus lokaler Produktion. Ein fester Bestandteil der manchmal etwas üppigen ligurischen Mahlzeiten sind schließlich die vorzüglichen **Gemüsetorten**, die für gewöhnlich als Antipasti vor den Nudeln gereicht werden. Natürlich gibt es auch Süßes: Ein Traditionsgebäck ist z. B. der Castagnaccio, eine Kastanienmehltorte.

Glasaale und Meeresdatteln – der Reichtum des Meeres

Profumi di mare – der Duft des Meeres: Die ligurische Küste und Küche bietet den ganzen Reichtum des Meeres. Man sollte als Vorspeise gefüllte Muscoli (Miesmuscheln) oder marinierten rohen Schwertfisch kosten, dann Spaghetti mit schwarzem Tintenfischsugo oder mit den seltenen und teuren Meeresdatteln (Datteri di mare) probieren und schließlich stilecht mit gebackenen Totani oder Glasaalplätzchen (Fritelle di bianchetti) schließen. Oder sich an den aufwendigen **Fischsuppen** wie Ciuppin oder der Seeteufelsuppe Buddego delektieren – Gerichte, bei denen Südfrankreich und die Riviera kulinarisch verschmelzen. Selbstredend, dass ein solches **Meeresmenü** deutlich mehr kostet als Fleisch, vor allem, wenn der Fisch fangfrisch ist. Als günstigere Alternative bietet sich **Stockfisch** (Stoccafisso, Buridda) an. Eine Fischpastete von barocker Opulenz und schriller Farbenpracht ist hingegen der legendäre Cappon magro (›Magerer Kapaun‹), ein aufgeschichteter Pudding aus gestampftem Fisch, Meeresfrüchten, Gemüsewürfeln (rote Rüben!) und Eiern, der mit grüner Sauce übergossen und zuweilen mit einer Languste drapiert wird.

Ligurische Farinata oder deutsche Pizza?

Wem ein üppiges italienisches Essen zu viel ist, muss nicht gleich auf die Alternative namens Pizza umsteigen – obwohl die knorrigen Bergpizzerien mit Holzlager im Gastraum aus dem Neapel- und Deutschlandimport Pizza das beste gemacht haben. Nein, die wahre ligurische Volksspeisung ist die **Farinata**, Kichererbsenfladen vom Blech – ligurische Puffer. Wie zu Großvaters Zeiten stehen die Einheimischen Schlange, wenn die dampfende Köstlichkeit gegen 16 oder 17 Uhr aus dem Backofen gezogen wird. Daneben gibt es eine Vielzahl lokaler pizzaartiger Traditionsgebäcke, etwa die mit Tomaten, Sardinen, Basilikum, schwarzen Oliven und gekochten Zwiebeln belegte Sardenaira (San Remo), die Piscialandrea oder Pizzalandrea (Imperia-Oneglia).

Weine und Weingüter – ideal für Genießer

Ligurien hat sich als Weinbauregion bisher kaum einen internationalen Namen gemacht. Dafür bekommt man hier noch oft echten Bauernwein und fast jede solide Landgaststätte wird ihren selbst gekelterten **Nostralino** anbieten. Gern wird dieser noch jung und moussierend getrunken. Daneben gibt es eine ganze Menge Prädikatsweine, die das DOC-Siegel (Denominazione di Origine Controllata) tragen. Der bekannteste ist wohl der weiße, hoch geschätzte **Cinque Terre**, der in schlanken Flaschen abgefüllt wird und durch besonders feinen, blumig duftenden Ge-

schmack besticht. Er wird wie in alten Zeiten in mühsamer Handarbeit auf den Mergelterrassen der ›Fünf Dörfer‹ gezogen. Es gibt ihn auch in den Cru-Reservelagen Costa de Campu, Costa da Posa und Costa de Sèra.

Sehr teuer kommt wegen der geringen und aufwendigen Produktion der Sciacchetrà. Dieser süße Dessertwein (passito) der Cinque Terre mit zarter Säure erinnert im Geschmack an den toskanischen Vino Santo. Geschätzte ligurische Weißweine sind ferner der Vermentino und der Pigato. Der weit verbreitete **Vermentino** wird praktisch in der gesamten Ponente und im Bergland von Luni angebaut; Weinkoster schätzen aber Lagen im Hinterland von San Remo am höchsten. Er soll von einer spanisch-südfranzösischen Malvasiertraube herrühren, die um 1300 nach Ligurien eingeführt wurde. Der sattgelbe, nach ›Blumen, Kräutern, Früchten und Harz‹ duftende, oft moussierend getrunkene Wein passt gut zu Austern und Fischgerichten. Als exquisiter gilt der **Pigato**, der im Hinterland von Albenga zu Hause ist. Der strohgelbe, manchmal grünlich schillernde Wein schmeckt leicht nach Pfirsich, Honig, Salbei und Moos. Klassischerweise wird er mit Steinpilzgerichten ›verheiratet‹. Viele Ligurer machen allerdings gern einen kleinen Abstecher über die piemontesische Grenze und ordern den auch ›piemontesischen Chablis‹ genannten **Gavi di Gavi**. Noch stärker ist die Dominanz piemontesischer Rotweine, besonders **Dolcetto di Ovada**. An der Ponente kann man allerdings auf den berühmten einheimischen **Rossese di Dolceacqua** zurückgreifen, der 1972 als erster ligurischer Wein das DOC-Prädikat erhielt. Napoleons Lieblingswein, dessen Rebe angeblich einst von Doria-Truppen aus Frankreich geraubt wurde, schwankt zugegebenermaßen stark in der Güte. Die Superiore-Qualität entfaltet nach 3–8 Jahren ihre volle Reife. Als Rotwein wäre auch noch der **Ormeasco** aufzuführen, eine ligurische Dolcetto-Variante, die bei Pornassio an der Grenze zum piemontesischen Rotweingebiet reift. Schließlich kann man auch mit ligurischem ›Champagner‹ anstoßen, der im Hinterland von Savona aus der weißen **Lumassina**-Traube gekeltert wird.

Die in Italien florierende Grappa-Industrie steckt in Ligurien eher noch in den Kinderschuhen. Doch einer der besten Magenbitter Italiens wird in Genua destilliert: der Amaro S. Maria.

Zum Durstmachen drei ausgewählte Weingüter mit Direktverkauf:
Ruffino Filippo, 17029 Finale Ligure – Varigotti, Strada Vecchia 19, Tel. 0 19 69 85 22. Vermentino, Pigato und der hochgeschätzte Mataòssü di Varigotti.

A Maccia, 18028 Ranzo (Albenga), Via Umberto I 54, Tel. 01 83 31 80 03. Loredana Faraldi produziert jährlich 8000 Flaschen biologisch angebauten Pigato.

Giobatta Mandino Cane, Dolceacqua, Via Roma 21, Tel. 01 84 20 61 20. Ambitionierter Rossese di Dolceacqua.

stellt eine Auswahl aus der großen Fülle dar. Gerade auf kleinere Feste wird im Umland rechtzeitig durch Plakatanschlag hingewiesen.

Januar

Bei der *Sebastiansprozession* in **Dolceacqua** (Sonntag vor dem 20.1.) wird ein mit bunten Hostien behängter Olivenbaum getragen. Das geheiligte Brot wird anschließend verteilt.

Februar

Die *Festa della Barca* in **Baiardo** erinnert an die Erdbebenkatastrophe 1887. Dabei wird die traurige Legende der Grafentochter, die ihre Liebe zu einem Seemann nicht aufgeben wollte und deswegen von ihrem Vater geköpft wurde, in ligurischem Dialekt aufgeführt.

März/ April (Ostern)

Unter den überall stattfindenden *Karfreitagsprozessionen* ist die von **Savona** besonders prächtig.

Mai

Am 2. Maisonntag wird in **Camogli** zur *Sagra del Pesce* die größte Fischpfanne der Welt gebraten. Überfüllt, doch reizvoll.

Juni

Die Stadtviertel (Rioni) **Genuas** veranstalten am 29. Juni einen *Ruderwettkampf*.

Juli

Am 1.–3. Juli *Prozession* und *Feuerwerk* zu Ehren Unserer Lieben Frau von **Montallegro**, der 612 m hoch gelegenen Wallfahrtskirche von Rapallo.

Bei der *Festa della Maddalena* in **Taggia** (22. Juli oder folgender Sonntag) ist der *Totentanz* mit ausgelassen heidnischer Feststimmung verwoben.

August

Die *Torta dei Fieschi*, ein Fall fürs Guinnessbuch, wird am 13.8. (Fest auch 14.) in **Lavagna** angeschnitten. In **Alassio** wird die *Beach-Queen* der Saison zur *Miss Muretto* gewählt.

September

Am 2. Sonntag kämpfen bei der *Regata dei Rioni* die besten Ruderer der vier Stadtteile von **Noli** in historischer Tracht um einen Rudercup.

Dezember

Am Heiligabend verbrennt der Bürgermeister einen Lorbeerstamm, aus dessen Asche die Zukunft gelesen wird, auf dem Marktplatz. Die *Confögu*-Zeremonie findet z. B. in **Savona** und **Pietra Ligure** statt.

■ Klima und Reisezeit

An der Riviera ist eigentlich immer Saison. Ein nostalgisches Phänomen, das sich vor allem an der *Ponente* (San Remo, Bordighera), aber auch in *Rapallo* gehalten hat, ist der *Wintertourismus*. Freilich trifft man zu dieser Zeit zumeist auf älteres italienisches Publikum. Durchschnittstemperaturen von 10 °C auch im Januar sind verlockend. Eher wenig andere Touristen wird man in den Wochen vor **Ostern** und im **November** antreffen, muss dann allerdings auch mit 7–9 Regentagen monatlich rechnen. Gute Reisezeiten sind zwischen Ostern und **Pfingsten** sowie im frühherbstlichen **Oktober**. Wer im **Sommer** mit seinen 300 monatlichen Sonnenstunden (Juli) reist, sollte volle, lebendige Badeorte lieben, das Unterhaltungsangebot genießen und gegen Stau und Rummel weitgehend immun sein.

Klimadaten Genua

Monat	Luft (°C) min./max.	Wasser (°C)	Sonnenstd./Tag	Regentage
Januar	6/10	13	4	6
Februar	6/12	12	4	7
März	9/14	13	5	7
April	12/18	14	6	7
Mai	15/21	16	7	8
Juni	19/25	20	8	5
Juli	22/27	23	10	3
August	22/28	23	9	4
September	19/25	21	7	6
Oktober	15/20	19	6	9
November	11/15	16	4	10
Dezember	7/12	14	4	8

■ Kultur live

Neben dem *Opernhaus Carlo Felice* (Kasse Di–Sa 11–18, So 13–16 oder 18–21 Uhr, Tel. 010 58 93 29, Fax 01 05 38 13 35, www.carlofelice.it, Info: Ufficio Promozione, Passo al Teatro 4, 16121 Genua), dem Stolz **Genuas**, gibt es eine Fülle anderer regelmäßig bespielter Schauspielhäuser wie das *Teatro Chiabrera* in **Savona**.

Außerdem werden zahlreiche **Festivals** in der touristischen Hauptsaison veranstaltet:

Massen- und Medienrummel gibt es beim 1951 initiierten *Festival della canzone Italiana* in **San Remo** (Februar, www.sanremo.net). Die Prominenz der Schlagersternchen und Promoter sorgt für telegene Weltläufigkeit.

Internationale Spitzenleistungen werden beim *Ballettfestival* in **Nervi** (Juli) und dem *Kammermusikfestival* in **Cervo** (August) geboten, das auf über 30 Jahre Tradition zurückblickt. Kenner wissen auch die *Herbst-Musiktage* in der Anglikanischen Kirche von **Bordighera** (Oktober) zu schätzen. Ein **Genua**-Event ist z. B. der altehrwürdige *Salone Nautico Internazionale* (Oktober).

■ Nachtleben

Ligurien ist wohl eine der aktivsten Regionen Italiens. Gerade in *Genua* gibt es viele Lokale, die bis 2 Uhr nachts geöffnet haben, ohne deswegen gleich die sonst in Italien üblichen teuren Diskothekenpreise zu nehmen. In den *Badeorten* aber bleibt das Nachtleben zumeist auf die Sommersaison beschränkt. Im *Casinò* von *San Remo* (Tel. 01 84 59 51, www.casinosanremo.it.) finden auch Bälle und abendliche Band-Konzerte statt.

■ Sport

Ligurien lässt in dieser Hinsicht kaum einen Wunsch unbefriedigt. Neben einer breiten Palette von **Wassersportarten** (Schwimmen, Segeln, Surfen, Rudern, Wasserski, Wassermotorräder, Tauchen, Sportangeln) stehen vor allem **Bergwandern**, **Reiten**, Mountainbiking und im Winter **Skifahren** im 1012 m hoch gelegenen Aveto in Nordostligurien auf dem Programm. Auch Freunde des **Golfsports** (*Info*: FIG, Genua, Tel. 010 59 24 10) kommen hier auf ihre Kosten.

Mountainbike

Viele Einheimische sind passionierte Rennradfahrer. Das ligurische Hinterland eignet sich besonders für Mountainbiking mit zahlreichen Pfaden, die durch beeindruckende Landschaften führen.

Allgemeiner Deutscher Fahrrad-Club (ADFC), Postfach 10 77 47, 28077 Bremen, Tel. 04 21/34 62 90, Fax 04 21/346 29 50, www.adfc.de

FC Italia, Genua, Tel. 01 05 70 41 16, www.federciclismo.it/liguria

Wandern

Ein besonderes Schmankerl für einen Sporturlaub in Ligurien ist die **Via Alta**. Der gesamte Höhenwanderweg, der in Kammlage von der französischen Grenze bis zum toskanischen Apennin führt, ist 440 km lang und gut ausgeschildert. Unter den 44 Etappen werden Wanderer aller Schwierigkeitsgrade fündig. Zugleich werden Kultur, Fauna, Flora, Siedlungsform und Küche des Hinterlandes erschlossen.

Italienischer Alpenverein CAI, Sektion Ligurien, Galleria Mazzini 7/3, 16121 Genua, Tel./Fax 010 59 21 22, www.cailiguregenova.it.

■ Statistik

Geografie: Ligurien ist mit einer Fläche von 5413 km^2 die drittkleinste Region Italiens; verwaltungsrechtlich ist es in die vier Provinzen Genua, Imperia, Savona und La Spezia eingeteilt. Mit ca. 1,56 Mio. Einwohnern ist Ligurien relativ dünn besiedelt, vor allem, wenn man die fast 603 500 abzieht, die in Genua, der fünftgrößten Stadt Italiens wohnen und berücksichtigt, dass fast 90 % der Ligurer an der Küste leben.

Wirtschaft: Ligurien ist eine der bergigsten Regionen Italiens, 69 % des Gebietes liegen über 1000 m Höhe, nur 1 % kann als Flachland bezeichnet werden. Landwirtschaft ist daher nur beschränkt möglich, doch wird hier das mildeste Olivenöl Italiens gewonnen. Fischfang, Bergbau (Schiefer und Marmor), Industrie, Blumenzucht, Tourismus und nicht zuletzt Auswanderung bilden traditionelle wirtschaftliche Alternativen.

Natur: Während die Küste stark zersiedelt ist, bietet das Hinterland mit seinen zahlreichen konsequent geschützten Naturparks unberührte Landschaft. Die Flora reicht angesichts der unterschiedlichen Vegetationszonen von Zitronen und afrikanischen Palmen über Kastanienwälder bis zu den alpinen Moosen des höchsten ligurischen Berges, des Monte Saccarello (2200 m). Auch die Tierwelt zeichnet sich durch Artenreichtum aus. Das Spektrum reicht von ligurischen, bis zu 25 m langen Walen über Greifvögel bis zu Murmeltieren und Gämsen.

Unterkunft

Agriturismo

Die italienische Variante des **Urlaubs auf dem Bauernhof** findet in letzter Zeit zunehmend Anhänger. Rechtzeitige Voranmeldung ist dringend anzuraten, viele Betriebe schließen im Winter. *Info:*

Agriturist Liguria, Via Tommaso Invrea 11, 16129 Genua, Tel. 01 05 53 18 78, Fax 01 05 53 18 73, www.agriturist.it.

Bed & Breakfast

Bed & Breakfast wird auch in Italien immer beliebter, *Information* im Internet: www.bedandbreakfast.it.

Camping

Die Riviera verfügt über ein vorzüglich ausgebautes Netz von Campingplätzen verschiedener Kategorien. *Wildes Zelten* ist nur im Bergland erlaubt (in den Cinque Terre hingegen streng verboten!). Eine Beschreibung geprüfter Anlagen bieten der **ADAC Camping-Caravaning-Führer**, Band Südeuropa (auch als CD-ROM) und der **ADAC Urlaubsführer Europa**, die beide jährlich erscheinen (www.adac.de/campingfuehrer).

Ferienhäuser und -wohnungen

Im ganzen Reisegebiet werden wochenweise mietbare Ferienhäuser und -wohnungen angeboten. Sie sind komplett eingerichtet, Bettwäsche und Handtücher müssen häufig mitgebracht werden, sind aber oft auch zu mieten, *Information* im Internet unter www.blumenriviera.co.uk.

Hotels und Pensionen

Die italienischen Fremdenverkehrsämter sehen ein relativ variables Bewertungssystem von * (sehr bescheiden) bis ***** (Luxus) vor. Die Höchstpreise müssen in den Zimmern ausgehängt sein. Natürlich ist dem Luxus an der Riviera nach oben keine Grenze gesetzt, doch kann man in der *Nebensaison* auch in 4-Sterne-Hotels große *Preisabschläge* heraushandeln. Wer auf das meist belanglose italienische Hotelfrühstück verzichtet, kann oft einiges sparen. *Prospektmaterial* mit Ortsplänen erhält man über die Fremdenverkehrsbüros. In der Hochsaison, vor allem während der italienischen Schulferien (Mitte Juni–Mitte Sept.), sind die Hotels häufig ausgebucht. Empfehlungen bieten die **Praktischen Hinweise** bei den jeweiligen Ortsbeschreibungen.

Jugendherbergen

Ligurien besitzt insgesamt nur vier Jugendherbergen: eine in Genua, zwei in Savona sowie eine in Finale Ligure Ansonsten können Privatzimmer *(Affittacamere)* eine billige Alternative zum Hotel darstellen.

AIG (Associazione Italiana Alberghi per la Gioventù, Tel. 06 4 87 11 52, Fax 06 4 88 04 92, www.ostellionline.org

Verkehrsmittel im Land

Trotz des steilen Terrains und schmaler, oft abenteuerlicher Straßen im Hinterland ist das **öffentliche Verkehrssystem** vorbildlich ausgebaut und preisgünstig.

Bahn

Das Rückgrat bildet die **Küsten-Eisenbahn**. Die im Stundentakt verkehrenden Züge stellen eine Anbindung der wichtigsten Orte an Genua sicher. Weitere *Eisenbahnlinien* durchqueren auf oft landschaftlich sehr reizvollen Trassen die ligurischen Berge Richtung Roia-Tal, Turin, Alessandria und Mailand. Daneben gibt es im Umland von Genua *Kleinbahnen* wie die Casellalinie. *Info*:

Trenitalia, Tel. 848 88 80 88 (innerhalb Italiens, gebührenfrei), www.trenitalia.com (auch deutsch).

Bus

Es besteht ein dichtes **Autobusnetz**, das insbesondere die Bergorte des Hinterlandes einbindet. Fahrkarten *(Biglietti)* erhält man in Kiosken, Geschäften oder im Bus selbst.

Mietwagen

In den Städten und größeren Orten kann man bei Filialen bekannter Agenturen Autos mieten. Für Mitglieder bietet die **ADAC-Autovermietung GmbH** günstige Bedingungen. Buchungen über Tel. 018 05/31 81 81 (0,14 €/Min.) oder die ADAC-Geschäftsstellen.

Schiff

In den Sommermonaten spielt der Schiffsverkehr eine große Rolle. Praktisch alle Küstenorte werden dann von lokalen Bootslinien angefahren.

Sprachführer
Italienisch für die Reise

■ Das Wichtigste in Kürze

Ja/Nein	Sì/No
Bitte/Danke	Per favore/Grazie
In Ordnung./Einverstanden.	Va bene./D'accordo.
Entschuldigung!	Scusi!
Wie bitte?	Come dice?
Ich verstehe Sie nicht.	Non La capisco.
Ich spreche nur wenig Italienisch.	Parlo solo un po' d'italiano.
Können Sie mir bitte helfen?	Mi può aiutare, per favore?
Das gefällt mir (nicht).	(Non) Mi piace.
Ich möchte …	Vorrei …
Haben Sie …?	Ha …?
Wie viel kostet …?/	Quanto costa …?
Kann ich mit Kreditkarte bezahlen?	Posso pagare con la carta di credito?
Wie viel Uhr ist es?	Che ore sono?/Che ora è?
Guten Morgen!/Guten Tag!	Buon giorno!
Guten Abend!	Buona sera!
Gute Nacht!	Buona notte!
Hallo!/Grüß dich!	Ciao!
Wie ist Ihr Name, bitte?	Come si chiama, per favore?
Mein Name ist …	Mi chiamo …
Ich bin Deutsche(r)	Sono tedesco(-a)
Ich komme aus Deutschland.	Sono della Germania.
Wie geht es Ihnen?	Come sta?
Auf Wiedersehen!	Arrivederci!
Tschüs!	Ciao!
Bis bald!	A presto!
Bis morgen!	A domani!
gestern/heute/morgen	ieri/oggi/domani
am Vormittag/am Nachmittag	la mattina/al pomeriggio
am Abend/in der Nacht	la sera/la notte
um 1 Uhr/um 2 Uhr …	all' una/alle due …
um Viertel vor (nach) …	alle… meno un quarto (e un quarto)
um … Uhr 30	alle … e trenta
Minute(n)/Stunde(n)	minuto(-i)/ora (-e)
Tag(e)/Woche(n)	giorno(-i)/settimana(-e)
Monat(e)/Jahr(e)	mese(-i)/anno(-i)

■ Wochentage

Montag	lunedì
Dienstag	martedì
Mittwoch	mercoledì
Donnerstag	giovedì
Freitag	venerdì
Samstag	sabato
Sonntag	domenica

■ Zahlen

0	zero	19	diciannove
1	uno	20	venti
2	due	21	ventuno
3	tre	22	ventidue
4	quattro	30	trenta
5	cinque	40	quaranta
6	sei	50	cinquanta
7	sette	60	sessanta
8	otto	70	settanta
9	nove	80	ottanta
10	dieci	90	novanta
11	undici	100	cento
12	dodici	200	duecento
13	tredici	1000	mille
14	quattordici	2000	duemila
15	quindici	10 000	diecimila
16	sedici	1 000 000	un millione
17	diciassette	1/2	mezzo
18	diciotto	1/4	un quarto

■ Monate

Januar	gennaio
Februar	febbraio
März	marzo
April	aprile
Mai	maggio
Juni	giugno
Juli	luglio
August	agosto
September	settembre
Oktober	ottobre
November	novembre
Dezember	dicembre

■ Maße

Kilometer	chilometro(-i)
Meter	metro(-i)
Zentimeter	centimetro(-i)
Kilogramm	chilo(-i)
Pfund	mezzo chilo
100 Gramm	etto(-i)
Liter	litro(-i)

Unterwegs

Nord/Süd/West/Ost	nord/sud/ovest/est
oben/unten	sopra/sotto
geöffnet/geschlossen	aperto/chiuso
geradeaus/links/ rechts/zurück	diritto/sinistra/ destra/indietro
nah/weit	vicino/lontano
Wie weit ist …?	A che distanza si trova …?
Wo sind die Toiletten?	Dove sono le toilette?
Wo ist die (der) nächste … Telefonzelle/	Dove si trova nelle vicinanze … una cabina telefonica/
Bank/	una banca/
Geldautomat/	un bancomat/
Post/	la posta/
Polizei?	la polizia?
Bitte, wo ist …	Scusi, dov'è …
der Hauptbahnhof/	la stazione centrale/
der Busbahnhof/	la stazione autolinee/
der Flughafen?	l'aeroporto?
Wo finde ich …	Dove si trova …
eine Bäckerei/	un panificio/
Fotoartikel/	gli articoli fotografici
ein Kaufhaus/	un grande magazzino/
ein Lebensmittel- geschäft/	un negozio di alimentari/
den Markt?	il mercato?
Ist das der Weg/ die Straße nach …?	È questa la strada per ….?
Ich möchte mit …	Vorrei andare …
dem Zug/	col treno/
dem Schiff/	colla nave/
der Fähre/	col traghetto/
dem Flugzeug nach … fahren.	col aereo a …
Gilt dieser Preis für Hin- und Rückfahrt?	È la tariffa di andata e ritorno?
Wie lange gilt das Ticket?	Fino a quando è valido il biglietto?
Wo ist das Fremden- verkehrsamt/ ein Reisebüro?	Dov'è l'Ufficio per il turismo/ un'agenzia viaggi?
Ich suche eine Hotelunterkunft.	Cerco un albergo.
Wo kann ich mein Gepäck lassen?	Dove posso deposi- tare i miei bagagli?
Ich habe meinen Koffer verloren.	Ho perso la mia valigia.
Ich möchte eine Anzeige erstatten.	Vorrei fare una denuncia.
Man hat mir … Geld/die Tasche/ die Papiere/ die Schlüssel/ den Fotoapparat/ den Koffer/ das Fahrrad gestohlen.	Mi hanno rubato … i soldi/la borsa/ i documenti/ le chiavi/ la macchina foto- grafica/la valigia/ la bicicletta.

Freizeit

Ich möchte ein … Fahrrad/ Motorrad/ Surfbrett/ Mountainbike/ Boot/ Pferd mieten.	Vorrei noleggiare … una bicicletta/ un moto/ una tavola da surf/ un mountain bike/ una barca/ un cavallo.
Gibt es in der Nähe ein(en) … Freizeitpark/	Dove si trova nelle vicinanze … un parco di divertimento/
Freibad/	una piscina pubblica/
Golfplatz/	un campo di golf/
Strand?	una spiaggia?
Wann hat … geöffnet?	Quando è aperto (aperta) …?

Bank, Post, Telefon

Brauchen Sie meinen Ausweis?	Vuole vedere i miei documenti?
Wo soll ich unterschreiben?	Dove debbo firmare?
Ich möchte eine Telefon- verbindung nach …	Vorrei un colle- gamento telefonico con …
Wie lautet die Vorwahl für …?	Qual è il prefisso per …?
Wo gibt es … Telefonkarten/	Dove trovo … le schede telefoniche/
Briefmarken?	i francobolli?

Tankstelle

Wo ist die nächste Tankstelle?	Dov'è la stazione di servizio più vicina?

Hinweise zur Aussprache

c, cc	vor ›e‹ und ›i‹ wie ›tsch‹, Bsp.: **ci**ao; sonst wie ›k‹, Bsp.: **co**me
ch, cch	wie ›k‹, Bsp.: **che**, **chi**lo
g, gg	vor ›e‹ und ›i‹ wie ›dsch‹, Bsp.: **ge**nte; sonst wie ›g‹, Bsp.: **go**la
gli	wie ›Lilie‹, Bsp.: fi**gli**o
gn	wie ›Cognac‹, Bsp.: ba**gn**o
sc	vor ›e‹ und ›i‹ wie ›sch‹, Bsp.: **sci**opero; sonst wie ›sk‹, Bsp.: **sca**la
sch	wie ›sk‹, Bsp.: I**sch**ia
sci	vor ›a,o,u‹ wie ›sch‹, Bsp.: la**scia**re
z	wie ›ds‹, Bsp.: **zu**ppa

Ich möchte … Liter … Benzin/Super/ Diesel.	Vorrei … litri … di benzina/super/ diesel.
Volltanken, bitte.	Faccia il pieno, per favore.
Bitte prüfen Sie … den Reifendruck/	Verifichi per favore … la pressione delle ruote/
den Ölstand/	il livello dell'olio/
den Wasserstand/	il livello dell'acqua/
das Wasser für die Scheibenwischanlage/	l'acqua per il tergicristallo/
die Batterie.	la batteria.
Würden Sie bitte … den Ölwechsel vornehmen/	Per favore, mi può … cambiare l'olio/
den Radwechsel vornehmen/	cambiare la ruota/
die Sicherung austauschen/	sostituire il fusibile/
die Zündkerzen erneuern/	sostituire le candele/
die Zündung nachstellen.	regolare l'accensione.

Panne

Ich habe eine Panne.	Ho un guasto.
Der Motor startet nicht.	La macchina non parte.
Ich habe die Schlüssel im Wagen gelassen.	Ho le chiavi in macchina.
Ich habe kein Benzin/ Diesel.	Non ho più benzina/ diesel.
Gibt es hier in der Nähe eine Werkstatt?	C'è un'officina qui vicino?
Können Sie mein Auto abschleppen?	Può effettuare il traino?
Können Sie mir einen Abschleppwagen schicken?	Mi potrebbe mandare un carro attrezzi?
Können Sie den Wagen reparieren?	Può riparare la mia macchina?
Bis wann?	Quando sarà pronta?

Mietwagen

Ich möchte ein Auto mieten.	Vorrei noleggiare una macchina.
Was kostet die Miete …	Quanto costa il noleggio …
pro Tag/	al giorno/
pro Woche/	alla settimana/
mit unbegrenzter km-Zahl/	senza limite chilometraggio/
mit Kaskoversicherung/	con assicurazione ›kasko‹/
mit Kaution?	con cauzione?
Wo kann ich den Wagen zurückgeben?	Dove posso restituire la macchina?

Unfall

Hilfe!	Aiuto!
Achtung!/Vorsicht!	Attenzione!
Rufen Sie bitte schnell … einen Krankenwagen/	Per favore, chiami subito … un'ambulanza/
die Polizei/	la polizia/
die Feuerwehr.	i vigili del fuoco.
Es war (nicht) meine Schuld.	(Non) È stata colpa mia.
Geben Sie mir bitte Ihren Namen und Ihre Adresse.	Mi dia il suo nome ed indirizzo, per favore.
Ich brauche die Angaben zu Ihrer Autoversicherung.	Mi dia i particolari della sua assicurazione auto.

Krankheit

Können Sie mir einen guten Deutsch sprechenden Arzt/ Zahnarzt empfehlen?	Mi può consigliare un bravo medico/ dentista che parla il tedesco?
Wann hat er Sprechstunde?	Qual è l'orario delle visite?
Wo ist die nächste Apotheke?	Dove si trova la farmacia più vicina?
Ich brauche ein Mittel gegen …	Vorrei qualcosa contro …
Durchfall/	la diarrea/
Halsschmerzen/	mal di gola/
Fieber/	la febbre/
Insektenstiche/	le punture d'insetti/
Kopfschmerzen	mal di testa
Verstopfung/	la costipazione/
Zahnschmerzen	mal di denti.

Hotel

Können Sie mir bitte ein Hotel/eine Pension empfehlen?	Potrebbe consigliarmi un albergo/ una pensione, per favore?
Ich habe bei Ihnen ein Zimmer reserviert.	Ho prenotato una camera.
Haben Sie ein Einzel-/ Doppelzimmer …	Ha una camera singola/ doppia …
mit Dusche/	con doccia/
mit Bad/WC/	con bagno/toilette/
für eine Nacht/	per una notte/
für eine Woche/	per una settimana/
mit Blick aufs Meer?	con vista sul mare?
Was kostet das Zimmer …	Quanto costa una camera …
mit Frühstück/	con prima colazione/

mit Halbpension/	con mezza pensione/
mit Vollpension?	con pensione completa?
Wie lange gibt es Frühstück?	Fino a che ora viene servita la colazione?
Ich möchte um … Uhr geweckt werden.	Vorrei essere svegliato alle ore …
Ich reise heute Abend/ morgen früh ab.	Vorrei partire questa sera/ domani mattina.
Haben Sie ein Fax/ einen Hotelsafe?	Ha un fax/una cassetta di sicurezza?
Kann ich mit Kreditkarte zahlen?	Posso pagare con la carta di credito?

Restaurant

Ich suche ein gutes/günstiges Restaurant.	Cerco un buon ristorante/ un ristorante non troppo caro.
Die Speisekarte/ Getränkekarte, bitte.	Vorrei la carta/ la lista delle bevande, per favore.
Welches Gericht können Sie besonders empfehlen?	Quale piatto mi può consigliare?
Ich möchte das Tagesgericht/ das Menü (zu …).	Vorrei il piatto del giorno/ il menù (da …).
Ich möchte nur eine Kleinigkeit essen.	Vorrei uno spuntino.
Haben Sie … vegetarische Gerichte/ offenen Wein/ alkoholfreie Getränke?	Ha dei … piatti vegetariani/ vini della casa/ analcolici?
Kann ich bitte … ein Messer/ eine Gabel/ einen Löffel haben?	Vorrei avere … un coltello/ una forchetta/ un cucchiaio.
Darf man rauchen?	Si può fumare?
Die Rechnung/ Bezahlen bitte!	Vorrei il conto, per favore!

Essen und Trinken

Abendessen	cena
Apfel	mela
Artischoken	carciofi
Auberginen	melanzane
Bier	birra
Brot/Brötchen	pane/panino
Butter	burro
Ei (Eier)	uovo (uova)
Ente	anitra
Erdbeeren	fragole
Espresso (mit Milch)	caffè (macchiato)
Essig	aceto
Feigen	fichi
Fisch	pesce
Flasche	bottiglia
Fleisch	carne
Fruchtsaft	succo di frutta
Frühstück	prima colazione
gegrillt	ai ferri/alla griglia
Gemüse	verdura
Glas	bicchiere
Huhn	pollo
Kalbfleisch	vitello
Kalbshaxenscheibe	ossobuco
Kaninchen	coniglio
Kartoffeln	patate
Käse	formaggio
Knoblauch	aglio
Kotlett	costoletta
Krabben	gamberetti
Lamm	agnello
Languste	aragosta
Maisgericht	polenta
Meeresfrüchte	frutti di mare
Miesmuscheln	cozze
Milch mit einem Schuss Espresso	latte macchiato
Milchkaffee	caffellatte
Mineralwasser (mit/ ohne Kohlensäure)	acqua minerale (con/senza gas)
Mittagessen	pranzo
Nachspeise	dolce
Obst	frutta
Öl	olio
Orange	arancia
Parmesankäse	parmigiano
Pfeffer	pepe
Pfirsich	pesca
Pilze	funghi
Reisbällchen, gefüllt	arancine
Rindfleisch	carne di manzo
Salat	insalata
Salz	sale
Schafskäse	ricotta
Schinken	prosciutto
Schweinefleisch	maiale
Spinat	spinaci
Steak	bistecca
Suppe	minestra/zuppa
Tee	té
Thunfisch	tonno
Tintenfische	polpetti
Tomaten	pomodori
Venusmuscheln	vongole
Vorspeisen	antipasti
Wein, Weiß-/ Rot-/ Rosé-Wein	vino bianco/ rosso/ rosato
Weintrauben	uva
Zucker	zucchero
Zwiebeln	cipolle

**ADAC Reiseführer in Top-Qualität.
Pro Band 300–600 Sehenswürdigkeiten,
140–180 farbige Abbildungen und
rund 40 TOP TIPPS.**

**ADAC Reiseführer plus kombinieren Top-
Reiseführer mit perfekten CityPlänen, Länder-
Karten oder UrlaubsKarten. Kompakt und
komplett im praktischen Klarsicht-Set!**

Lieferbare Titel:

Ägypten
Algarve
Allgäu
Amsterdam
Andalusien
Australien
Bali & Lombok
Baltikum
Barcelona
Berlin
Bodensee
Brandenburg
Brasilien
Bretagne
Budapest
Bulg. Schwarz-
   meerküste
Burgund
City Guide
   Deutschland
City Guide
   Germany
Costa Brava &
   Costa Daurada
Côte d'Azur
Dänemark
Dominikanische
   Republik
Dresden
Dubai, Vereinigte
   Arabische
   Emirate, Oman
Elsass
Emilia Romagna
Florenz
Florida
Franz. Atlantik-
   küste
Fuerteventura
Gardasee
Golf von Neapel
Gran Canaria
Hamburg
Harz

Hongkong &
   Macau
Ibiza & Formentera
Irland
Israel
Istrien & Kvarner
   Golf
Italienische Adria
Italienische
   Riviera
Jamaika
Kalifornien
Kanada – Der Osten
Kanada –
   Der Westen
Karibik
Kenia
Korfu & Ionische
   Inseln
Kreta
Kuba
Kroatische Küste –
   Dalmatien
Kykladen
Lanzarote
Leipzig
London
Madeira
Mallorca
Malta
Marokko
Mauritius &
   Rodrigues
Mecklenburg-
   Vorpommern
Mexiko
München
Neuengland
Neuseeland
New York
Niederlande
Norwegen
Oberbayern
Österreich

Paris
Peloponnes
Piemont,
   Lombardei,
   Valle d'Aosta
Polen
Portugal
Prag
Provence
Rhodos
Rom
Rügen, Hiddensee,
   Stralsund
Salzburg
Sardinien
Schleswig-
   Holstein
Schottland
Schwarzwald
Schweden
Schweiz
Sizilien
Spanien
St. Petersburg
Südafrika
Südengland
Südtirol
Sylt
Teneriffa
Tessin
Thailand
Toskana
Türkei – Südküste
Türkei – Westküste
Tunesien
Umbrien
Ungarn
USA – Südstaaten
USA – Südwest
Usedom
Venedig
Venetien & Friaul
Wien
Zypern

Lieferbare Titel:

Ägypten
Allgäu
Amsterdam
Andalusien
Baltikum
Barcelona
Berlin
Berlin (engl.)
Bodensee
Brandenburg
Budapest
Côte d'Azur
Dänemark
Deutschland – Die
   schönsten Autotouren
Dresden
Franz. Atlantikküste
Fuerteventura
Gardasee
Gran Canaria
Hamburg
Harz
Irland
Istrien & Kvarner Golf
Ital. Adria
Ital. Riviera
Korfu/Ionische Inseln
Kreta
Kuba
Kroatische Küste –
   Dalmatien
Lanzarote 8/2007
Leipzig
London
Mallorca
Mecklenburg-Vorpommern
München
New York
Niederlande 8/2007
Norwegen
Oberbayern
Österreich
Paris
Polen

Portugal
Prag
Rhodos
Rom
Rügen, Hiddensee, Stralsund
Salzburg
Sardinien
Schleswig-Holstein
Schottland 8/2007
Schwarzwald
Schweden
Schweiz
Sizilien
St. Petersburg
Südafrika 8/2007
Südtirol
Sylt
Teneriffa
Toskana
Türkei – Südküste
Türkei – Westküste
Usedom
Venedig
Wien

Weitere Titel in
Vorbereitung.

Mehr erleben, besser reisen.

Register

A

Acquasanta 35, **78**
Airole 122, **123**
Alassio 77, 99, **100–101**, 133
Albenga 12, **96–99**, 100, 129, 132
Albisola 77, 82, **83–84**, 130
Alessi, Galeazzo 22, 24, 25, 44
Altare 84, 89
Ameglia 72
Amicis, Edmondo de 15, 104
Antonello da Messina 30
Apricale 119, 121
Arenzano 77, **79**, 116
Argentina-Tal 106, 107, 108
Assereto, Giacchino 33
Avegno 41
Aveno 54

B

Badalucco 106, 107
Baiardo 119, 121, 133
Balzi Rossi 12, 123, **124–125**
Barabino, Carlo 20, 36
Barbagelata, Giovanni 80
Bellini, Vincenzo 56
Benedikt XV., Papst 15
Berengar II. 12
Bergeggi 90, 91
Bistolfi, Leonardo 87
Boccanegra, Guglielmo 23
Boccanegra, Simone 13, 18, 25
Bocciardo, Domenico 93
Bocciardo, Pasquale 93
Bogliasco 39
Boldini, Giovanni 38
Bordighera 6, 77, 106, **114–117**, 121, 133, 134
Bordone, Paris 32
Borgio-Verezzi 94, **96**
Bormida-Tal 89
Borzonasca 50, 52
Borzone 50, 52
Borzone, Benedetto 52
Braccesco, Carlo 58
Brea, Antonio 107
Brea, Ludovico 86, 88, 89, 107
Brignole, Emanuele 34
Brusco, Paolo Gerolamo gen. Il Bruschetto 89
Buggio 121
Burlando, Claudio 15
Bussana Vecchia 108, **113**, 130

C

Calderini, Guglielmo 88
Calvino, Italo 110
Cambiaso, Giovanni 106
Cambiaso, Luca 22, 30, 33, 58, 105
Camogli **39–41**, 50, 133
Campoligure 78
Camporosso 117, **119**
Cantoni, Gaetano 104
Cantoni, Simone 20
Canzio, Michele 77
Capo S. Ilario 38
Caprazoppa-Kap 92, 96
Capriolo 96
Carlone, Giovanni Andrea 22
Carlone, Giovanni Battista 30
Carretto, Giovanni del 93
Castel Vittorio 119, 120, **121**
Castello, Bernardo 25
Castello, Giovanni Battista gen. Il Bergamasco 22
Castiglione, Benedetto gen. Il Grechetto 20, 25
Celle Ligure 13, 15, 77, **81–83**, 130
Ceresola, Andrea gen. Il Vannone 20
Ceriale 95
Cervo **102**, 103, 134
Chiabrera, Gabriello 89
Chiapparino 54
Chiavari 38, **50–53**, 68, 130
Cinque Terre 8, 38, **56–57**, 58, 59, 60, 62, 64, 65, 66, 132, 135
Cogoleto 79
Cogorno-San Salvatore 53, 54
Coldirodi 108, 113
Colonia Arnaldi 41
Convento di Monte Carmelo 94, 96
Cornia 54
Corniglia 56, **62–63**
Cotta, Aurelius 12
Crespi, Giuseppe Maria 73
Cuneo, Renata 86

D

David, Gerard 33
Diano Marina **102**
Dolceacqua 77, **117–119**, 132, 133
Dolcedo 103, 105
Doria, Andrea 8, 13, 14, 19, 22, 31, 33, 35, 50, 53, 96, 103
Durazzo, Girolamo 84
Dürer, Albrecht 32
Dyck, Anthonis van 14, 18, 30, 33, 34

F

Fabrizio de André 15
Ferrada di Moconesi 54
Ferrari, Gregorio de 30
Ferrari, Lorenzo de 30
Fiascherino 71
Fiasella, Domenico gen. Il Sarzana 30, 73, 86, 88
Finale Ligure 77, **92–94**, 132, 135
Friedrich II., Kaiser 13, 53, 97
Friedrich III., Kaiser 6, 47

G

Gaggini, Domenico 22
Garibaldi, Giuseppe 9, 14, 32, 38
Garnier, Charles 115, 116
Genua 11, 14, 15, **18–37**, 38, 40, 41, 44, 46, 50, 53, 54, 56, 57, 60, 66, 68, 74, 77, 78, 80, 85, 90, 91, 92, 97, 102, 103, 104, 116, 120, 122, 124, 129, 130, 132, 133, 134, 135
Accademia Ligustica di Belle Arti 20
Acquario di Genova 24
Albergo dei Poveri 33–34
Casa di Colombo 27
Casa di Mazzini 30
Castello d'Albertis – Museo delle Culture del Mondo 31, **35**
Cattedrale San Lorenzo 21–22
Cimitero di Staglieno 35–36
Funicolare di Granarolo 35
Galata Museo del Mare 24
Galleria del Palazzo Bianco 33
Galleria del Palazzo Rosso 32–33
Grande Bigo 24
La Bolla 15, 24
La Città dei Bambini e del Ragazzi 24
Lanterna 24
Loggia dei Mercanti 23
Mercato Orientale 28
Monumento Cristoforo Colombo 29
Museo d'Arte Contemporanea di Villa Croce 25
Museo d'Arte Orientale Edoardo Chiossone 31
Museo del Risorgimento 30
Museo del Tesoro di San Lorenzo 22
Museo Nazionale dell'Antartide 24
Museo Sant' Agostino 25
Palazzo dell'Università 35
Palazzo Doria Pamphili 35
Palazzo Doria Tursi 32
Palazzo Ducale 20
Palazzo Lomellino 32
Palazzo Reale 34–35
Palazzo San Giorgio 23
Palazzo Spinola dei Marmi 30–31
Palazzo Spinola di Pellicceria 30
Piazza Corvetto 31
Piazza Portello 31
Piazza San Matteo 22
Ponte dei Mille 35
Ponte Monumentale 27
Porta dei Vacca 30
Porta Siberia 24
Porta Soprana 27
Porto Antico 15, 23–24
Righi 33
S. Maria Assunta di Carignano 25
S. Maria delle Vigne 30
S. Maria di Castello 25

S. Stefano 27–28
San Donato 25–27
San Giovanni di Prè 29
San Marco 24
San Matteo 22–23
San Siro 30
SS. Ambrogio e Andrea 20–21
Strada delle Mura 35
Teatro Carlo Felice 20
Torre Embriaci 25
Via Garibaldi 31
Via Macelli di Soziglia 30
Via Prè 29–30
Via Sottoripa 23
Villa Gruber 31
Villetta di Negro 31
Ghimbegna-Pass 121
Golfo dei Poeti 71
Grimaldi, Nicolò 32
Groppo 63
Guercino 33
Guttuso, Renato 60

H

Hadrian V., Papst 53
Hanbury, Sir Thomas 14, 123, 125
Hannibal 12, 96
Hauptmann, Gerhart 43
Hemingway, Ernest 43, 44

I

Il Sarzana 30, 73, 86, 88
Imperia 68, 77, **103–106**, 134
Innozenz III., Papst 73, 75
Innozenz IV., Papst 13, 53
Isola del Tinetto 67
Isola del Tino 65, 67
Isola Gallinara 96, 99
Isola Palmaria 65, 67
Isolabona 119

J

Julius II., Papst 13, 83, 85, 86, 88

K

Karl der Große 12
Karl V., Kaiser 14, 19, 35
Kolumbus, Christoph 8, 13, 26, 79
Krassin, Leonid 42

L

La Spezia 8, 11, 38, 57, 65, **68–71**, 129, 134
Lago di Tenarda 121
Laigueglia 100
Lavagna **53**, 54
Lawrence, D(Avid) H(erbert) 15, 72, 91
Lerici 38, 65, 67, **71–72**
Levanto 58–59
Libera, Adalberto 68
Loano 94, **96**
Lord Byron 66, 71
Luni 12, 38, 70, 73, **74–75**, 132
Lunigiana 12, 70, 73, 74

M

Madonna di Montenero 65
Madonna di Soviore 59
Magnasco, Alessandro 38
Magra-Tal 73, 74, 75
Malocello, Lanzarotto 13, 80
Manarola 56, **63**
Maragliano, Antonio Maria 52, 62, 64, 89, 100, 102, 110
Marconi, Guglielmo 55
Margarete von Brabant 25
Martinengo, Filippo 89
Marvaldi, Giovanni Battista 102
Mazzini, Giuseppe 9, 14, 19, 32, 36
Medici, Lorenzo Il Magnifico 74
Millesimo 89
Molini di Triora 107–108
Moneglia 56–58
Monesi 106, 108
Monet, Claude 115, 117
Montale, Eugenio 15, 59, 60
Monte Beigua **80**
Monte Bignone 121
Monte Carlo 113, 115, 124
Monte Castello 55
Monte di Portofino 45
Monte Saccarello 108
Monte Ursino 91
Montegrazie 103, 105
Montemarcello 71, 72
Monterosso al Mare 56, 57, 58, **59–60**
Montorsoli, Giovanni Angelo 23, 35
Moore, Henry 86

N

Napoleon 14, 19, 40, 68, 73, 85, 89, 106, 117, 122
Nervi 18, 35, **38–39**, 42, 134
Nervi, Pier Luigi 89
Nicola 74, 75
Nikolaus V., Papst 13, 73
Noli **90–91**, 133
Nostra Signora della Salute 63
Nostra Signora di Montallegro 43
Nostra Signora di Reggio 62
Nozarego 45

O

Olivetta-San Michele 123
Olmo, Giuseppe 15, 81
Oneglia 103–104
Ortonovo 74, 75
Ospedaletti 113, 114, 115, 116

P

Paganini, Niccolò 14, 32
Pancalino, Cristoforo 98, 110
Parco Naturale di Portofino 44, **45–46**, 47
Parco Nazionale Val d'Aveto 52
Parco Torsero 96
Parodi, Filippo 115
Passo del Turchino 78

Paul III., Papst 23, 119
Pegli 18, 35, **77**
Perinaldo 119, 121
Perti 92, **94**
Pertini, Sandro 15, 86
Philipp II. 19, 32, 33
Philipp V. 92
Piana Crixia 84, 89
Piano, Renzo 11, 15, 18, 23, 24
Pietra Ligure 94, 96, 133
Pieve di Teco 103, 105
Pigna 119–121
Piola, Domenico 30
Pisano, Giovanni 25
Pisis, Filippo de 60, 86
Pius VII., Papst 14, 85, 88
Pizzi, Nilla 15
Ponzello, Giovanni 96
Porto Maurizio 104–105
Portofino 38, 42, 44, 45, **46–47**, 50
Portovenere 38, 56, **65–67**
Punta Chiappa 39, 41
Punta del Capo 47
Punta dell'Aspera 80
Punta della Mola 80
Punta Manara 54, 55
Punta Mesco 58

Q

Quasimodo, Salvatore 60

R

Rapallo 38, **41–44**, 50, 130, 133
Rathenau, Walther 15, 42, 46
Recco 39, 41
Riomaggiore 56, 57, 60, 63, **64–65**
Riva Trigoso 54, 55
Riviera di Levante 6, 11, **38–75**
Riviera di Ponente 6, 11, **77–125**
Robbia, Andrea della 69
Roccatagliata, Tommaso 89
Roia-Tal 123
Romani, Felice 56
Romano, Giulio 28
Rosai, Ottone 86
Rothari, König 12
Rovere, Francesco Maria della 83
Rovere, Giuliano della 86
Rubens, Peter Paul 14, 18, 20, 31
Ruffini, Giovanni 14, 106, 107, 109, 115

S

Salomone, Agostino 84
San Fruttuoso 38, 41, 47, **50**
San Lorenzo della Costa 44, 45
San Michele di Pagana 41, 43
San Remo 6, 14, 15, 77, **108–114**, 115, 121, 131, 132, 133, 134
San Terenzo 71
Sangallo, Giuliano da 74, 86
Santa Margherita Ligure 42, 43, **44–46**, 47
Santo Stefano d'Aveto 50, 52
Sarzana 38, **73–74**, 75
Sassello 83, 84

Savona 6, 77, **84–90**, 92, 116, 132, 133, 134, 135
Segantini, Giovanni 38
Sentiero degli Alpini 121
Sergius IV., Papst 73
Sestri Levante 12, 38, **54–56**
Sestri-Riva 56
Shelley, Percy Bysshe 14, 71
Signorini, Telemaco 38, 64
Sixtus IV., Papst 13, 82, 85, 88
Sori 39
Sormano, Battista 87
Spotorno 90, 91
Strozzi, Bernardo 18, 20, 30, 32, 33, **34**, 58, 100

T

Taddeo di Bartolo 86
Taggia **106–108**, 133
Tellaro 71, 72
Tenda-Pass 15, 123
Tigullischer Golf 38, 41, 42, 44, 47, 54
Toirano 77, **94–96**, 124
Triora 106, 108
Tschitscherin, Georgij Wasiljewitsch 15, 42, 46

U

Ungaretti, Giuseppe 60
Urbinate, Girolamo 84
Uscio 39, 41

V

Vado del Ligure 89, 97
Vaga, Perin del 35, 82
Val Nervia 117, 119, 120, 121
Vallecrosia 114, 116
Vara-Tal 56
Varazze 80
Varese Ligure 54, 56
Varigotti 94
Venezia, Antonio da 92
Ventimiglia 12, 15, 117, **122–123**

Verdeggia 106, 108
Vernazza 56, 59, **60–62**
Veronelli, Luigi 10, 105
Veronese, Paolo 32
Vessalico 106
Via Aemilia Scauri 85
Via Alta 6, 52, **134**
Via Aurelia 6, 12, 14
Via dell'Amore 63
Via Julia Augusta 97
Villa Faraggiana 83, 84
Villa Hanbury 77, **123–124**
Volastra 63
Voltri, Niccolò da 92, 111
Voragine, Jacobus de 13, 80

W

Wiligelmus 73
Wirth, Josef 42

Z

Zoagli 41, 43

Bildnachweis

Umschlag-Vorderseite: Hafen von Portofino. *Foto: Mauritius, Mittenwald (Pigneter)*
Umschlag-Vorderseite Reiseführer Plus: Cinque-Terre-Zauber – Manarola mit Weinbergen. *Foto: Bildagentur Huber, Garmisch-Partenkirchen (O. Fantuz)*

Titelseite
Oben: Stille Schönheit – Baia del Silenzio in Sestri Levante (Wh. von S. 54/55)
Mitte: Reines Strandvergnügen – Spiaggia di Lerici (Wh. von S. 72)
Unten: Einsame Bergidylle – Triora (Wh. von S. 108)

Gottfried Aigner, München: 8 (2), 26 (2), 27 oben, 28 oben, 36 oben, 37, 39 unten, 40, 52, 74, 75, 81, 89, 95, 97, 101 unten, 103, 105, 113, 122, 131, 126 oben rechts – *Agentur Anzenberger, Wien:* 115 (Toni Anzenberger) – *bildarchiv Steffens, Mainz:* 66, 67 (W. Allgöwer) – *IFA Bilderteam, Ottobrunn:* 33 – *Gerold Jung, Ottobrunn:* 10 oben, 41, 43, 45, 51 – *laif, Köln:* 10 Mitte, 15 (Hedda Eid), 31 oben (Eid), 70 unten, 71, 72, 109, 126 unten links – *Rolf Legler, München:* 13, 25 – *Mauritius, Mittenwald:* 21 unten (age fotostock), 22/23 (Hans-Peter Merten), 28 unten (Merten), 31 unten (Cubolmages), 48/49, 59, 61 oben (Pigneter), 64 (Kord) – *Peter Mertz, Innsbruck:* 6, 7 (2), 9 oben, 10 unten, 11 oben, 44, 47, 55 (2), 57, 61 unten, 65, 68/69, 69 unten, 76 (2), 83 oben, 93, 95, 98, 104, 107, 108, 111, 112 (2), 114 oben, 116, 117, 118, 119, 120, 121, 123, 124, 125, 126 oben links u. Mitte rechts, 132 – *Museo Civico U. Formentini, La Spezia:* 12 – *Peter Peter & Manuela Wolf, München:* 94, 114 unten – *Gino Russo, Albisola Superiore (Savona):* 9 unten, 19, 20, 21 oben, 24 oben, 30, 34, 35, 39 oben, 63, 78, 80, 82, 83 unten, 85, 86 (2), 87 (2), 88, 90, 91, 99, 102, 126 Mitte links u. unten rechts – *Süddeutscher Verlag/Bilderdienst, München:* 13 oben, 14 (3), 32, 42 – *Klaus Thiele, Warburg:* 11 unten, 23, 24 unten, 36 unten, 79, 100/101 – *Martin Thomas, Aachen:* 92 – *Ivana Tlusty, München:* 29, 27 unten (L. Janicek) – *Hanna Wagner, Wörth:* 16/17, 53

Impressum

Lektorat: Dagmar Walden, Elisabeth Schnurrer
Bildredaktion: Kirsten Winkler
Aktualisierung: Astrid Rohmfeld
Karten: Mohrbach Kreative Kartographie, München
Herstellung: Martina Baur
Druck, Bindung: Firmengruppe APPL, sellier druck, Freising
Printed in Germany

Ansprechpartner für den Anzeigenverkauf:
Kommunalverlag GmbH & Co KG,
MediaCenterMünchen, Tel. 089/92 80 96-44

ISBN 978-3-89905-459-0
ISBN 978-3-89905-542-9 Reiseführer Plus

Gedruckt auf chlorfrei gebleichtem Papier

Neu bearbeitete Auflage 2007
© ADAC Verlag GmbH, München

Das Werk einschließlich aller seiner Teile ist urheberrechtlich geschützt. Jede Verwendung ohne Zustimmung des Verlags ist unzulässig und strafbar. Das gilt insbesondere für Vervielfältigungen, Übersetzungen, Mikroverfilmungen und die Verarbeitung in elektronischen Systemen. Die Daten und Fakten für dieses Werk wurden mit äußerster Sorgfalt recherchiert und geprüft. Wir weisen jedoch darauf hin, dass diese Angaben häufig Veränderungen unterworfen sind und inhaltliche Fehler oder Auslassungen nicht völlig auszuschließen sind. Für eventuelle Fehler können der Autoren, der Verlag und seine Mitarbeiter keinerlei Verpflichtung und Haftung übernehmen.

Schöneren Urlaub! Mit ADAC TravelAtlanten

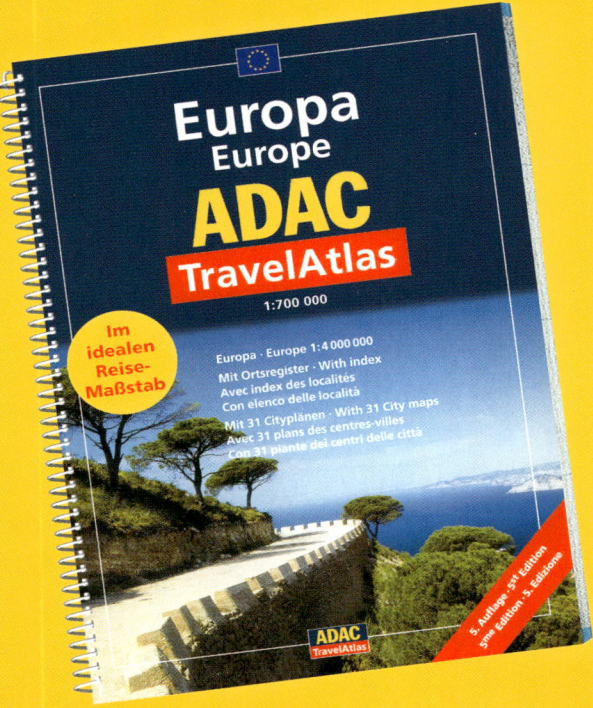

Ob als perfekte Orientierungshilfe unterwegs, ob für die Reiseplanung zu Hause: ADAC TravelAtlanten bringen Sie schnell und sicher an jedes Ziel in Europa. Ideal: die moderne, informative Kartografie, Citypläne wichtiger Städte und die praktische Spiralbindung. 11 Titel stehen zur Wahl.
Überall, wo es Bücher gibt, und beim ADAC.

www.adac.de/karten